Os VENCEDORES *jogam* *LIMPO*

O Autor

Jon M. Huntsman é presidente e fundador da Huntsman Corporation. Começou a empresa, com o irmão Blaine, em 1970. No ano 2000, já a havia transformado na maior empresa química de propriedade privada do mundo, e também na maior corporação norte-americana de propriedade e operação familiar, com mais de US$ 12 bilhões em receitas anuais, até abrir seu capital no começo de 2005. Huntsman foi assessor especial da Presidência na era Nixon, o primeiro norte-americano proprietário da maior parte do capital de uma empresa na antiga União Soviética e é atualmente presidente do Conselho de Administração da Wharton School (University of Pennsylvania), onde se formou. Huntsman também fez parte das diretorias de numerosas corporações e organizações públicas nos EUA, entre as quais a U.S. Chamber of Commerce e a Cruz Vermelha Americana. As empresas Huntsman financiam a fundação que é o maior sustentáculo do Huntsman Cancer Institute, líder na prevenção, diagnóstico precoce e tratamento humanitário do câncer. Jon vive com sua esposa, Karen, em Salt Lake City, Utah, estado no qual seu filho mais velho, Jon Jr., foi eleito governador em 2004.

H956v Huntsman, Jon
Os vencedores jogam limpo : os valores morais que aprendemos na infância (será que esquecemos?) / Jon Huntsman ; tradução Raul Rubenich. – Porto Alegre : Bookman, 2007.
152 p. ; 21 cm.

ISBN 978-85-60031-14-6

1. Administração empresas – Ética social. I. Título.

CDU 658:172

Catalogação na publicação: Júlia Angst Coelho – CRB 10/1712

Jon M. Huntsman

Os VENCEDORES *jogam LIMPO*

os valores morais
que aprendemos
na infância
(*será que esquecemos?*)

Reimpressão 2008

Bookman®

2007

Obra originalmente publicada sob o título
Winners Never Cheat: Everyday Values We Learned as Children (But May Have Forgotten)
ISBN 0-13-186366-5

Capa: *Paola Manica*

Tradução: *Raul Rubenich*

Preparação do original: *Elisa Viali*

Leitura final: *Renato Merker*

Supervisão editorial: *Arysinha Jacques Affonso*

Editoração eletrônica: *Laser House*

Av. Jerônimo de Ornelas, 670 - Santana
90040-340 Porto Alegre RS
Fone (51) 3027-7000 Fax (51) 3027-7070

SÃO PAULO
Av. Angélica, 1091 - Higienópolis
01227-100 São Paulo SP
Fone (11) 3665-1100 Fax (11) 3667-1333

SAC 0800 703-3444

IMPRESSO NO BRASIL
PRINTED IN BRAZIL
Impresso sob demanda na Meta Brasil a pedido de Grupo A Educação.

Dedicatória

Para Karen, minha companheira e melhor amiga

Agradecimentos

Gostaria de registrar meu apreço a Jay Shelledy, escritor e editor, que desafiou e organizou meus pensamentos e ajudou a transformá-los em palavras impressas, e a Pam Bailey, minha devotada e leal assessora administrativa que facilitou meu trabalho com todas as complexidades impressionantes e desconhecidas que envolvem escrever um livro.

Também quero deixar manifestado meu profundo agradecimento aos profissionais da Pearson Education: o editor Tim Moore, o vice-presidente sênior de vendas e marketing Logan Campbell, e o diretor de marketing John Pierce, pelo inabalável comprometimento e paciência com um autor de primeiro livro; ao editor de desenvolvimento Russ Hall pelas críticas claras e francas; à editora sênior de projetos Kristy Hart, e à editora de textos Keith Cline, por suas qualificadas sugestões de melhoria e pela preparação do meu manuscrito; e aos administradores, professores e alunos da Wharton School pelo permanente apoio a este e a tantos outros empreendimentos.

Eu seria especialmente omisso se não reconhecesse de maneira especial as contribuições de Larry King, cuja amável *Apresentação* estabelece o tom do que se desenvolve a seguir; de Neil Cavuto, por seu gentil *Posfácio* e de cujo livro *More Than Money* obtive inspiração; e ao advogado extraordinário Wayne Reaud, por seu humilde *Prefácio*. Todos eles são mais do que apenas profissionais bem-sucedidos, altamente respeitados por seus pares; são meus amigos.

Devo muito à minha mãe e a outros membros da família – vivos ou já falecidos – por me proporcionarem modelos de pessoas bondosas e decentes, e ao meu falecido sogro, David Haight, que sempre acreditou em mim.

Minha maior dívida e gratidão, contudo, é reservada à minha esposa Karen e aos nossos nove filhos e 52 netos, que representam 62 motivos mais do que convincentes do que faz uma pessoa querer andar sempre no caminho certo.

J.M.H.

Apresentação

Jon Meade Huntsman pode ser o mais fantástico bilionário que a maioria dos americanos nunca ouviu falar. Famoso nos círculos petroquímicos, ele opera no mundo inteiro com um estilo discreto, decidido, sendo por todos respeitado — e a todos respeitando. Há quase duas décadas permanece nos primeiros lugares da relação dos norte-americanos mais ricos da revista Forbes. Mas não foi sempre assim.

Jon é um retrato perfeito da realização do sonho americano. A sua trajetória vai do mais duro dos começos até a condição de presidente da maior empresa familiar dos EUA. (No começo de 2005, ele abriu o capital do império Huntsman.)

Como ocorre com os personagens que fazem lembrar, na vida real, o fantástico Horatio Alger, a Jon Huntsman foi dada, a princípio, única e exclusivamente a chance de sonhar. O resto – visão, determinação, competência, integridade, alguns lances de sorte e o sucesso completo – correu por conta dele.

Ele consolidou essa incrível trajetória sempre agindo com justiça e honestidade, concretizando seu sonho com os princípios morais intactos, mantendo sempre a palavra, negociando com colegas e concorrentes da mesma forma, sempre adotando um procedimento de decência e generosidade.

Tudo isso, para mim, é a essência de Jon Huntsman. É o motivo dele ter escrito este livro e a razão por que vale a pena lê-lo.

Sua carreira teve início com um curso da Wharton School, na University of Pennsylvania, que ele pôde fazer graças a uma bolsa de estudos proporcionada por alguém que já havia "chegado lá". Jon partiu daí para a construção de um império e para retribuir os favores e oportunidades aos quais teve acesso ao longo da jornada.

Muitos leitores certamente nunca ouviram falar de Jon Huntsman, mas outros tantos a quem ele ajudou ao longo dos anos certamente sabem de quem se trata.

Basta perguntar aos pacientes do Huntsman Cancer Institute and Hospital, uma instituição de pesquisa e atendimento de renome mundial, em Salt Lake City, que se dedica a explorar meios e maneiras para que possamos prevenir e controlar essa temida doença, especialmente o câncer hereditário. A família Huntsman doou até agora 250 milhões de dólares a esse projeto, e já se comprometeu a duplicar esse total nos próximos anos. Jon perdeu sua mãe, seu pai, sua madrasta e os avós para essa doença. Ele próprio teve câncer e conseguiu controlá-lo. Duas vezes.

Basta igualmente perguntar aos estudantes e aos diretores e professores da Wharton School of Business na University of Pennsylvania, em que ele é presidente da Junta de Supervisores. Foi sua doação de 50 milhões de dólares que tornou possível o Huntsman Hall, um complexo de última geração de escolas de administração, e o principal programa internacional de formação nessa área nos EUA. Recordando o que representou um título acadêmico para ele, Huntsman distribuiu vários milhões de dólares em bolsas de estudos ao longo dos anos, para filhos de funcionários das suas empresas e outros tipos de estudantes.

Basta também perguntar ao povo da Armênia. A propósito, essa é uma história que vale a pena contar.

Ao entardecer de 7 de dezembro de 1988, Jon e Karen Huntsman assistiam ao noticiário da televisão na sala de estar de sua fantástica residência em Salt Lake City. Ele era então diretor executivo e presidente da Huntsman Chemical Corporation – uma progressista empresa na enfadonha e tradicional indústria química.

A manchete do telejornal era inquietante. Um terremoto havia devastado grande parte da Armênia. Jon se comoveu com as cenas de destruição: fábricas e apartamentos em ruínas, rodovias e ferrovias transformadas em pouco mais do que retalhos de concreto e aço, edifícios de escolas arrasados, sobreviventes enlouquecidos cavando os destroços em busca de seus entes queridos.

Um ano antes, Jon Huntsman provavelmente não teria sido capaz de localizar a Armênia num mapa, mas nos seis meses anteriores ele estivera negociando com a Aeroflot, a empresa de aviação do antigo governo soviético, a fabricação de utensílios plásticos para servir refeições nos vôos domésticos. No processo, ele se tornou o primeiro norte-americano autorizado a deter a maioria do capital de uma empresa soviética. Ele se mostrara fascinado com o "urso" soviético, e nesse momento assistia a uma tragédia que abalava um dos estados-satélites.

"Precisamos fazer alguma coisa", foi o que ele disse para Karen naquela noite. Ele estava encarando o sofrimento que à frente dele se desenrolava como algo pessoal. E é esse o verdadeiro Jon Huntsman.

A ajuda que seu império encaminhou logo depois variou desde especialistas e recursos para uma moderna fábrica de cimento destinada a produzir concreto capaz de resistir aos mais fortes terremotos até alimentos, equipamentos médicos e complexos de apartamentos e escolas – tudo isso na condição de presentes a uma nação agoniada e posteriormente grata.

Até a conclusão desse projeto, 15 anos depois, a família Huntsman injetou US$ 50 milhões dos seus recursos na Armênia, visitando a nação mais de 20 vezes. Isso que, naquela noite de dezembro de 1988, Huntsman não tinha qualquer laço com aquela região do mundo. Ele não conhecia o nome de qualquer das vítimas. Mas o nome Huntsman não é desconhecido na Armênia de hoje, país que concedeu a Jon cidadania honorária e várias das mais altas condecorações oficiais.

Quem é mesmo Jon Huntsman? Pergunte àqueles a quem ele ajudou. Pergunte às comunidades espalhadas pelo mundo em que a Huntsman Corp. tem negócios. Eles certamente irão falar do interesse profundo e pessoal desse empresário pelos seus destinos, pelas suas famílias e pelo seu futuro.

Essa generosidade talvez seja o resíduo do fato de ter crescido no lado mais pobre da economia americana. Se for isso, trata-se de apenas uma parte da sua equação filantrópica. Jon também é adepto da obrigação de todos com a generosidade. Ao longo das diversas eras, a caridade tem sido um dos pontos altos da maioria das culturas mundiais.

O Evangelho da Doação segundo Jon sustenta que todos os indivíduos – sejam eles de poucos ou muitos recursos, mas especialmente os ricos – têm o dever de devolver uma parte daquilo com que foram abençoados.

Jon Huntsman é de uma espécie diferente. Acredita que os negócios são uma atividade criativa, semelhante a uma produção teatral, na qual a integridade precisa ser sempre a personagem principal. Apesar de tudo aquilo que se vê no noticiário da televisão ou se lê nos jornais, o comportamento decente, ético, não é apenas uma herança moral do passado. Ele acredita em ser honesto, justo e generoso – mesmo quando isso possa lhe custar alguns milhões de dólares.

Este livro não é simplesmente um catecismo para o comportamento moral no mercado. Cada um de seus capítulos é recheado com breves técnicas de gerenciamento para aqueles que comandam companhias ou organizações, sólidas instruções para os gerentes intermediários e uma ampla perspectiva para funcionários e colaboradores. Com um MBA da Universidade do Sul da Califórnia, Jon não é apenas um extraordinário empreendedor, mas também um experiente CEO que já viu de tudo em sua carreira.

Nos últimos 35 anos, suas empresas saltaram do zero para receitas anuais de 12 bilhões de dólares. E não foi nada fácil. Ele esteve duas vezes à beira da falência, mas sua reputação como negociador duro, porém justo, e uma conduta afável e sensível, junto com um faro para bons empreendimentos e o notável comprometimento com a filantropia, são fatores que lhe dão uma perspectiva realmente especial, a partir da qual tem plenas condições de oferecer essas regras para a trajetória de todos.

Jon Huntsman é a verdadeira prova viva de que é possível ter sucesso agindo corretamente. Leo Durocher estava sem dúvida muito enganado quando sentenciou que "os homens decentes acabam em último lugar". Os homens bons não apenas podem chegar em primeiro lugar, eles sempre chegam em melhores condições. Jon não tem muita paciência com ética situacional, no mercado ou na vida. Ele costuma definir as atitudes mais adequadas em caracteres amplos e muito visíveis. Acredita no adágio segundo o qual quando se tem um relógio, todo mundo sabe a hora certa. Mas, se são dois os relógios, aí começa a confusão.

Em 2002, eu o indiquei como o Humanitário do Ano pela sua generosidade para com o próximo (a *Business Week* qualifica-o como um dos maiores filantropos dos EUA). Ele me surpreendeu com uma formidável e inesperada contribuição à Larry King Cardiac Foundation para ajudar àqueles que sofrem de doenças do coração. Minha esposa, Shawn, e eu nos consideramos privilegiados por sermos amigos da família Huntsman há tantos anos. Eu apresento, com grande satisfação e entusiasmo, Jon, e recomendo a sua visão da vida.

É isso que o leitor terá em *Os Vencedores Jogam Limpo*.

Larry King

Prefácio

Sou advogado e o livro que você está começando a ler poderia me deixar desempregado. Ninguém ficaria mais feliz do que eu se isso realmente acontecesse.

Ao longo dos últimos 30 anos, processei várias das maiores corporações dos Estados Unidos, responsabilizando-as por procedimentos que ameaçavam a saúde e o modo de vida dos cidadãos. Desde produtores de amianto a fabricantes de cigarro e de computadores, tenho lutado para tornar as grandes companhias mais responsáveis pelos efeitos prejudiciais dos seus negócios.

Normalmente, não se espera que um advogado como eu seja próximo do CEO de uma grande corporação. Por isso mesmo, quando as pessoas ficam sabendo que Jon Hunstman e eu somos grandes amigos, isso já há 15 anos, a primeira reação é de descrença. Na ecologia do mundo dos negócios, não somos inimigos naturais? Os cargos e as funções que exercemos não nos colocam automaticamente em confronto? A resposta a ambas as perguntas é "não". E a razão é muito simples: Joh Hunstman não é o CEO típico.

Jon é uma verdadeira raridade no mundo corporativo: um empreendedor de tremendo sucesso cuja consciência é tão crítica quanto o seu faro para os negócios, um homem que não quebra a palavra. Desde o seu primeiro trabalho, colhendo batatas numa plantação no interior do estado de Idaho aos seis anos de idade, até a posição atual, de condutor da maior companhia de produtos químicos do mundo, ele sempre fez questão de colocar as preocupações éticas no mesmo plano – ou até mesmo superior – que o das suas responsabilidades como empresário.

Eu poderia apresentar aqui uma lista de tudo que Jon já realizou – grandes doações a instituições empenhadas na pesquisa e tratamento do câncer, o pagamento do dízimo a sua igreja, ajuda de milhões de dólares a faculdades e universidades – mas isso ainda não lhe daria uma idéia perfeitamente clara do que o torna tão diferente. Sua ética vai muito além de simplesmente fazer doações e prestar apoio às boas causas. Ela está no centro do seu ser. E é, para ele, uma maneira de viver.

Em *A República*, a obra-prima de Platão, este nos proporciona a noção do líder ideal: o "rei filósofo". Seria um homem dotado do perfeito casamento de uma mente filosófica com a capacidade de liderar. Como escreveu Platão: "Não preciso mais esperar para garantir que precisamos transformar nossos guardiões em filósofos. A combinação de qualidades para tanto necessária é extremamente rara. Nosso teste precisa ser duro, uma vez que a alma precisa ser treinada pela perseguição de todos os tipos de conhecimentos até a capacidade de chegar ao mais alto deles – mais elevado que justiça e sabedoria – que é a idéia do bem".

Jon Huntsman tem buscado "a idéia do bem" a vida inteira, e, como o persistente sucesso de suas empresas comprova, tem sido mais do que capaz de liderar. Mas o verdadeiro teste da ética surge não quando uma pessoa dá de si sem nada a perder. Ele surge quando essa pessoa dá de si mesmo tendo tudo a perder. É por isso que Jon Huntsman é a pessoa mais indicada para escrever este livro. E não há dúvida alguma de que ele o está fazendo no momento certo. Nesta era de escândalos como os da Enron, Tyco e semelhantes, bem como de práticas corporativas assustadoramente danosas às comunidades, precisamos, mais do que nunca, da voz e da liderança de Jon Huntsman.

Espero que o livro de Jon sirva para nos lembrar que, como ele, todos temos condições de conquistar o sucesso e fazer o bem ao mesmo tempo. Na condição de advogado, eu espero que todos os empresários dos

EUA leiam este livro e passem a se espelhar no exemplo de Jon. Talvez assim eu e os meus colegas advogados pudéssemos ficar sem litígios para resolver.

E, creiam, nada na vida me faria mais feliz.

Wayne Reaud

Sumário

1 LIÇÕES DA PRACINHA 23

Tudo o que precisamos para fazer negócios aprendemos quando crianças.

2 CONFIRA A SUA BÚSSOLA MORAL 35

Sabemos muito bem distinguir entre certo e errado.

3 SIGA AS REGRAS 45

Competir com garra e lealdade – sem ultrapassar a linha.

4 DÊ O EXEMPLO 55

Risco, responsabilidade, confiabilidade – a fórmula da liderança.

5 MANTENHA A PALAVRA 73

Está mais do que na hora de encurralar os advogados corporativos.

6 ESCOLHA BEM SEUS ASSESSORES ... 85

Esteja cercado de ajudantes com
coragem de dizer 'não'.

7 INDIGNE-SE, MAS NÃO PAGUE NA MESMA MOEDA ... 97

A vingança é prejudicial e improdutiva. Aprenda
a superá-la.

8 A CORTESIA É UM DOM QUASE DIVINO ... 107

Trate concorrentes, colegas, empregados e clientes
com respeito.

9 É O NOME DA FAMÍLIA NA FACHADA ... 119

Comande empresas e organizações como
se fossem propriedades exclusivas da família.

10 A OBRIGAÇÃO DE RETRIBUIR ... 129

Ninguém se faz inteiramente sozinho;
retribua os favores e a boa sorte.

CONCLUSÃO: O FIO DA MEADA ... 143

Valores morais aceitáveis são coisa de criança, e não
ciência espacial.

POSFÁCIO POR NEIL CAVUTO ... 149

Se às vezes tudo está contra nós em casa,
precisamos ter paciência e esperar que a
má-sorte seja revertida; assim, teremos a
oportunidade de recuperar os princípios
perdidos, pois o que está em jogo é
justamente a questão dos princípios.
— Thomas Jefferson

Comércio sem moral.
— O quarto dos sete pecados capitais,
conforme Mahatma Gandhi

1 Lições da Pracinha

Tudo o que precisamos para fazer negócios aprendemos quando crianças.

Cresci filho de família pobre, na região rural do estado de Idaho, e o mais importante que aprendi então foi a necessidade de agir de acordo com as regras. Ser duro, ser competitivo, entrar em toda e qualquer disputa para vencer – mas sempre agindo lealmente. Esses princípios elementares eram a base das ações de famílias, vizinhos e comunidades. Meus dois irmãos e eu tínhamos algo em comum com os garotos situados no extremo oposto da escala social: um sistema de valores aprendido em escolas, na pracinha, no pátio do recreio, nas salas de aula, na escola dominical das igrejas e nas pistas de atletismo.

Esses valores não perderam sua legitimidade pelo fato de eu ser hoje um participante ativo do mundo dos negócios, mas sei que estão ausentes em vários segmentos do mercado moderno. Wall Street exagera na cobiça. Os advogados das grandes empresas ganham fortunas manipulando contratos e buscando meios e maneiras de encontrar saídas furtivas para compromissos sacramentados. Muitos CEOs ostentam estilos de vida nababescos mesmo quando os acionistas de suas empresas perdem os empregos, aposentadorias, benefícios, investimentos e inclusive a confiança no modo americano.

Registros contábeis adulterados, auditores que fazem vistas grossas, propinas, trapaças de todos os tipos conseguiram abrir caminho e ocupar postos de comando no mundo das corporações. Muitos diretores de empresas, sem compromisso com a missão original de cada uma delas, desfrutam de regalias e ganhos irreais, preocupados exclusivamente em manter Wall Street feliz e o seu quinhão intacto.

Relatórios financeiros desonestos são tentadores quando o mercado penaliza desempenhos mirrados e contabilidade correta. Wall Street dá mostras de sentir-se confortável com a mentira lucrativa.

Nos últimos 20 anos, a ganância dos investidores tornou-se obsessiva e uma força com a qual os CEOs precisam lidar. Empresas de capital aberto são forçadas a apresentar ganhos e desempenhos trimestrais cada vez mais impressionantes, a menos que se disponham a enfrentar uma rebelião dos acionistas. Relatórios financeiros desonestos são tentadores quando o mercado penaliza desempenhos mirrados e contabilidade correta. Wall Street dá mostras de sentir-se confortável com a mentira lucrativa.

Embora eu concentre a maior parte de meus conselhos em atividades orientadas para os negócios, mundo que eu conheço, esses princípios são igualmente aplicáveis a profissionais de todos os níveis em todos os estágios, para não falar em pais, estudantes e pessoas bem-intencionadas de todo o mundo.

Nas eleições presidenciais de 2004 nos Estados Unidos, as questões morais pesaram mais do que qualquer outro fator na hora do voto, mas uma pesquisa do instituto Zogby International revelou que a principal dessas questões não era o aborto nem o casamento entre pessoas do mesmo sexo. A cobiça e o materialismo foram citados como os problemas morais mais urgentes enfrentados nos EUA hoje (em segundo lugar, por escassa margem, ficaram os temas de pobreza e justiça econômica).

Em quase meio século trabalhando em vários tipos de empreendimentos, já vi de tudo. E fico a me perguntar, talvez com um bom grau de ingenuidade, por que mentir, trapacear, dar impressão falsa de uma situação e fugir à própria responsabilidade são práticas tão profundamente entranhadas na sociedade atual? Será que ter sucesso material é mais importante do que a forma de conquistá-lo?

Quase dá para acreditar que o outrora sagrado Sonho Americano tornou-se algo inatingível para quem não recorrer a práticas e procedimentos imorais. Tolice. Minar as barreiras éticas é a antítese do Sonho Americano. Cada sonhador é brindado com a oportunidade de participar numa infinidade de competições justas pela presença da igualdade, honra e integridade.

Apesar de sua seletividade e imperfeições, o Sonho Americano ainda é uma força extremamente poderosa e definidora. Seu fascínio continua firme e forte, embora em parte alguma seja tão forte quanto na busca do ganho material. Concretizar esse sonho exige suor, coragem, comprometimento, talento, visão, fé e alguns percalços.

A possibilidade de começar uma empresa a partir do zero, a oportunidade de liderar essa companhia a um *status* de grandeza, a liberdade para, querendo, apostar uma fazenda numa rodada de dados do mercado de ações, a chance de ascender à posição de CEO de uma empresa na qual se ingressou como funcionário do mais baixo escalão são as fontes que alimentam a grandeza da economia norte-americana.

O *boom* das empresas pontocom dos anos 1990, embora vítimas do seu próprio sucesso, é a melhor prova de que salas de aula, garagens e oficinas em porões, amontoadas de rabiscos, quinquilharias e sonhos visionários, são as incubadoras do sonho empreendedor. De muitas maneiras, nunca foi tão fácil ganhar dinheiro – ou ignorar valores morais tradicionais na busca desses ganhos.

De muitas maneiras, nunca foi tão fácil ganhar dinheiro – ou ignorar valores morais tradicionais na busca desses ganhos.

No transcorrer da história norte-americana, um mercado espontâneo e ilimitado produziu tremendos exemplos de vício e virtude – nada de surpreendente, pois, no fato do nosso ambiente de negócios ser povoado tanto por heróis quanto por bandidos. No entanto, um novo vácuo no campo dos valores acabou produzindo um nível de trapaças, traições e indecência de uma intensidade capaz de deixar a todos sem fôlego.

Muitos dos executivos e funcionários de hoje – eu gostaria de pensar que a maioria deles – não estão empenhados em práticas indevidas. A maioria das pessoas com as quais tive relações de negócios em quatro décadas de viagens pelo mundo inteiro é formada por homens e mulheres íntegros e decentes, indivíduos comprometidos que buscam distanciar-se da conduta reprovável da minoria.

Conheci, no entanto, um bom número de executivos de empresas que, pela cobiça, arrogância e uma doentia devoção a Wall Street, ou por uma interpretação pervertida do capitalismo, optaram pelo lado obscuro do sistema. O problema é que esse número parece estar aumentando.

A justificativa de que todo mundo "cola", ou de que é preciso trapacear para se manter competitivo, é um poderoso chamariz. O caminho da perdição é fácil, escorregadio e só desce.

A justificativa dessas pessoas, de que todo mundo "cola", ou de que é preciso trapacear para se manter competitivo, é, vamos falar a verdade, um poderoso chamariz. O caminho da perdição é fácil, escorregadio e só desce. A falência moral é o seu inevitável ponto de chegada.

O que precisamos é de um poderoso reforço daqueles princípios morais da nossa juventude. Todos conhecemos a receita: ser leal, não trapacear, agir com civilidade, compartilhar e compartilhar de novo, dizer sempre a verdade. Embora essas receitas da infância possam ter sido esquecidas com a gana de competição, eu acredito que não se trata disso, mas sim de uma questão de valores deliberadamente ignorados. Qualquer que seja, porém, a hipótese mais próxima da realidade, o fato é que já está mais do que na hora de entrarmos em plena forma ética mediante um programa comportamental de larga escala.

Não há objetivo financeiro que possa justificar o emprego de meios anti-éticos para a sua concretização. O sucesso acaba sempre sorrindo para quem é realmente dotado de capacidade, coragem, integridade, decência e generosidade. Homens e mulheres que sustentam valores universalmente compartilhados tendem a concretizar seus objetivos, a atingir a felicidade no lar e no trabalho, e a encontrar um objetivo de vida muito mais valioso do que a mera acumulação de riquezas.

As pessoas decentes realmente podem vencer na vida – e acabam sempre vencendo.

As pessoas decentes realmente podem vencer na vida – e acabam sempre vencendo.

Trabalhei na Casa Branca como secretário da Casa Civil e como assessor especial da Presidência durante o primeiro mandato de Richard Nixon. Eu era o conduto pelo qual passavam documentos que iam para a mesa do presidente e dali para os respectivos destinos. Fui igualmente integrante da "super equipe" de H. R. Haldeman. Como integrante desse grupo, Haldeman esperava de mim obediência absoluta, sem questionamentos. Mas não a obteve, o que o incomodou bastante. Ele professava uma lealdade cega a Nixon e exigia o mesmo da sua equipe. Foi então que vi como o poder era mal usado, e não concordei com aquilo. Nenhum cidadão, aliás, deve fazê-lo.

Lembro de uma oportunidade em que Haldeman me pediu para fazer alguma coisa para "ajudar" o presidente. Afinal de contas, estávamos ali para servir ao presidente. Ocorre que determinado congressista, auto-intitulado guardião da moralidade, questionava uma das indicações feitas por Nixon para a chefia de uma das agências governamentais. Existiam indícios de que a indicada teria utilizado imigrantes ilegais em uma empresa que mantinha na Califórnia.

Haldeman pediu-me que verificasse o histórico de uma fábrica de que o congressista contestador fora outrora proprietário, para levantar a existência de problemas semelhantes. Essa instalação ficava nas proximidades de outra da qual eu era o proprietário em Fullerton, na Califórnia. Haldeman queria até mesmo que eu desse um jeito de colocar alguns dos nossos empregados latinos para que agissem como uma espécie de espiões na fábrica em questão. As informações que eles levantassem deveriam ser utilizadas, naturalmente, para desautorizar aquela pessoa que estava se transformando em um embaraço político para o presidente.

A essa altura, uma atmosfera amoral já dominava todas as dependências da Casa Branca. Reuniões com Haldeman eram tentativas desesperadas de figuras menos conhecidas aparecer. Estávamos todos sob pressão para oferecer soluções. Havia gente demais disposta a tudo por um simples aceno de aprovação de Haldeman. Essa era a pressão que até eu sentia, a ponto de pegar o telefone e ligar para o gerente daquela minha fábrica na Califórnia.

Há oportunidades em que reagimos depressa demais e perdemos o discernimento imediato sobre o que há de certo ou errado em determinada circunstância. Não pensamos direito. Foi o que aconteceu então. A minha bússola moral levou cerca de 15 minutos para se fazer notar, e me fazer perceber que nada daquilo que me exigiam que fizesse era a coisa certa. Foi nessa hora que os valores que me acompanham desde a infância se manifestaram.

Em meio à conversa com o gerente da minha fábrica, por telefone, consegui parar e pensar por um momento. "Espere um pouco, Jim", disse com força ao gerente geral da Huntsman Container, a fábrica em questão. "Nós não vamos fazer nada disto. Neste jogo eu não entro. Quanto a você, esqueça que cheguei a ligar para tratar de uma coisa dessas."

Instintivamente, eu sabia que tudo aquilo era errado, mas a noção desse erro levou alguns minutos para me impregnar. Informei então a Haldeman que não mandaria meus funcionários espionar ou fazer qualquer coisa parecida. Na prática, estava dizendo "não" a quem era, à época, o segundo homem mais poderoso do país, e que não tinha o menor apreço por esse tipo de resposta. Para ele, era um sinal de deslealdade. Dizer aquilo era o mesmo que me despedir da Casa Branca.

Que fosse, e a verdade é que acabei deixando as funções que exercia seis meses depois desse incidente. Meus arroubos de independência, no final das contas, foram um grande exercício de integridade. Fui um dos únicos integrantes do pessoal da West Wing (o setor de trabalho da Casa Branca) que não foram levados a prestar contas à CPI do caso Watergate ou perante a Justiça.

A cor cinza não substitui o branco e preto. Não se esbarra em outra pessoa sem pedir-lhe desculpas por isso. Um aperto de mãos deve ter algum significado. Quando alguém está em dificuldades, você estende a mão. Os valores não devem ser moldados para servir a determinadas situações. Eles estão indelevelmente arraigados em cada um de nós como impulsos naturais que nunca ficarão embotados ou fora de moda.

Não faltará quem diga que esta visão peca pela ingenuidade num mundo cada vez mais complexo e competitivo. Simples, ou ingênua, realmente é; e é exatamente nisso que reside sua importância. Trata-se de pouco mais do que aprendemos quando crianças, e que aceitávamos como o procedimento mais correto antes de as pressões do mundo "real" começarem a tentar alguns de nós a trocar esses valores em proveito do nosso avanço em direção aos primeiros lugares.

Embora os valores que trouxemos de nossa juventude, pelo menos até certo ponto, sejam normalmente baseados em alguma forma de fé, eles são igualmente solidificados pela lei natural. Quase todos os habitantes do nosso planeta, por exemplo, têm algum tipo de crença na bondade inata do ser humano.

Os seres humanos naturalmente priorizam a honestidade e desprezam a trapaça, mesmo nos mais remotos rincões do globo. No extremo nordeste da Índia situa-se o semiprimitivo estado de Arunachal Pradesh. Poucos entre nós sequer sabemos de sua existência. Na verdade, trata-se de uma área praticamente ignorada pelo próprio governo indiano. Mais de 100 tribos ali têm culturas, linguagens e religiões animísticas próprias. Ainda assim, elas compartilham diversas características, inclusive aquela que faz da honestidade um valor absoluto.

Quanta ironia, então – para não falar em vergonha – no fato de as nações mais educadas e industrializadas estarem exatamente hoje enfrentando tempos nada condizentes com os valores universais da integridade.

Michael Josephson, diretor do Josephson Institute of Ethics, instituição com sede em Marina del Rey, na Califórnia, diz que basta alguém assistir a determinados programas populares de televisão (ele cita como exemplo, nas redes norte-americanas, os shows The Apprentice e Survivor) para chegar à convicção de que vencem na vida aqueles que conseguem ser desleais e não sofrer punição. E ninguém parece se sentir mal com isso. Não é apenas o fato de as tentações serem hoje muito maiores, argumenta Josephson, nossas defesas morais é que estão enfraquecidas.

Seja lá o que for, sustento que todos nós sabemos quando estamos violando as regras, quando estamos perto dos limites, quando fazemos algo que não deve ser feito. Qualquer que tenha sido a desculpa encontrada para "justificar" tais fraquezas, o fato é que não nos sentimos muito confortáveis com ela, pelo simples fato de sabermos que vai contra aquilo que aprendemos na infância e juventude.

Esqueça tudo sobre quem vai chegar em primeiro ou em último lugar. Pessoas decentes, honradas, sempre terminarão as corridas em que estiverem empenhadas – e suas próprias vidas – em grande estilo e respeitadas.

É justamente esse tradicional arcabouço de valores comportamentais que acabará nos levando não à tentação, mas ao sucesso a longo prazo. Esqueça tudo sobre quem vai chegar em primeiro ou em último lugar. Pessoas decentes, honradas, sempre terminarão as corridas em que estiverem empenhadas – e suas próprias vidas – em grande estilo e respeitadas.

Ernest Shackleton, o explorador do século XX cujas legendárias e heróicas explorações da Antártica inspiraram vários livros, via a vida como um jogo a ser disputado com a maior lisura e honradez:

> **A vida, para mim, é o maior de todos os desafios. O perigo é tratá-la como um jogo corriqueiro, jogado sem grande entusiasmo, e cujas regras não têm lá grande importância. Regras são importantes, e muito. O jogo deve ser levado de acordo com ela, ou não será mais um jogo. E mesmo a vitória não deve ser considerada o objetivo maior. Objetivo realmente digno é vencer com honra e lealdade.**

Os princípios que aprendemos quando crianças eram simples e justos. Eles continuam sendo simples e justos. Com a nossa bússola moral programada pela pracinha das brincadeiras de tanto tempo atrás, podemos estabelecer e vencer longos percursos com valores que garantam vidas plenas de sucesso, um caminho que é o melhor para o bem-estar mental e moral de qualquer pessoa – sem falar no sucesso material que com ele acaba vindo a longo prazo.

Quando os jovens, os homens e as mulheres, começam a vida, o período mais importante, segundo se afirma, é aquele da formação dos seus hábitos. Realmente, é um período muito importante. Mas o período em que as idéias dos jovens são formadas e adotadas é ainda mais crucial. Isso porque o ideal com o qual a pessoa se acostuma a mensurar todas as coisas determina a natureza, no que lhe diz respeito, de tudo aquilo que vai fazer e conhecer.

— Henry Ward Beecher

Não é a nossa prosperidade, nem nossos encanamentos, nem as nossas rodovias engarrafadas que provocam o fascínio dos outros. Em vez disso, o que os atrai são os valores que constituem as bases do nosso sistema.

— Senador J. William Fulbright

2

Confira a sua Bússola Moral

Sabemos muito bem distinguir entre certo e errado.

Ninguém cresce num vazio moral. Cada ser humano mentalmente equilibrado sabe basicamente distinguir entre o certo e o errado. Educado como cristão, judeu, budista, muçulmano, hindu, unitário, nova era, livre pensador ou ateu, é ensinado desde o berço a não mentir, e que sofrerá conseqüências se o fizer.

Não existe pessoa que se possa considerar agnóstica em termos de moral. Uma pessoa amoral é uma pessoa moral que temporária e criativamente desliga seus atos dos seus valores. Cada um de nós tem um GPS moral, ou uma bússola ou consciência, se assim o leitor preferir, programado pelos pais, professores, treinadores, clérigos, avós, tios e tias, chefes de escoteiros, amigos e colegas. Essa bússola faz parte do pacote geral e ela continua a apontar as diferenças entre os rumos próprios e impróprios até o dia de nossa morte.

Não existe o agnóstico moral. Uma pessoa amoral é uma pessoa moral que temporária e criativamente desliga seus atos dos seus valores.

Quando eu tinha dez anos de idade, a algumas quadras de nossa casa ficava o Edwards Market, um daqueles casarões antigos com a mercearia na parte da frente e a residência do proprietário nos fundos. Deveria ter entre 60 a 90 metros quadrados, mas, na minha idade, o lugar parecia um supermercado. À época, eu ganhava uns 50 centavos de dólar por dia, vendendo e entregando o jornal local.

Um dia, no meio do meu caminho normal, entrei na loja, que parecia vazia. Sanduíches de sorvete eram então um lançamento. O dia estava muito quente e eu morria de vontade de provar uma daquelas delícias. Botei o braço dentro do pequeno *freezer* e peguei um dos sorvetes. Escondi o sanduíche dobrado no meu bolso. Em seguida, a Sra. Edwards surgiu, perguntando em que ela poderia me ajudar.

"Não preciso de nada, obrigado", respondi, bem educado, e fui em direção à porta da saída. Antes de conseguir fechá-la, ouvi a dona perguntando: "Jon, você não vai pagar o sanduíche de sorvete?" Encabulado, voltei-me e me dirigi, acabrunhado, para o *freezer*, e com a mão tremendo levemente botei o sanduíche de sorvete no seu lugar. A Sra. Edwards nunca falou com alguém sobre aquele episódio.

Foi uma lição necessária para um menino aventureiro, que jamais esqueci, mesmo transcorridos 60 anos desde então. Repentinamente me dei conta de que havia feito algo errado. Soube disso no momento em que enfiei a mão no *freezer*, da mesma forma que saberia, hoje, se introduzisse um elemento delitivo, claro que mais sofisticado, em alguma transação comercial. Todos aprendemos que é errado pegar alguma coisa que não nos pertence.

Sejam quais forem os fatores de ofuscamento, a luz vermelha do alerta sobre certo/errado continua acesa. Nós podemos até não perguntar, mas a nossa bússola sempre responde.

Determinados tipos de comportamento incentivam uma desconexão com a nossa bússola interna, ou consciência. A argumentação ofusca os sinais de alerta, a arrogância apaga os limites, o desespero sobrepuja o bom senso. Sejam quais forem os fatores de ofuscamento, a luz vermelha do alerta sobre certo/errado continua acesa. Nós podemos até não perguntar, mas a nossa bússola sempre responde.

Algumas pessoas dizem que a sociedade de hoje é tolerante com muitas atividades questionáveis, tornando extremamente difícil para as gerações mais jovens diferenciar entre o certo e o errado. Não surpreende, portanto – continua essa linha de raciocínio – que os novos alunos abandonem as salas de aula com seus valores abertos à negociação.

Eu não concordo inteiramente com isso. A sociedade certamente é hoje mais permissiva que quando eu era menino, mas existe alguém capaz de, em sã consciência, fechar os olhos perante um roubo? Existem, é verdade, adolescentes modernos capazes de não ver erro algum nessa prática, mas será que existe algum estudante que não considere a mentira ou algo semelhante intrinsecamente errada, por mais que tenha amigos envolvidos com isso? Será que a sociedade aceita a fraude nos registros contábeis das corporações, desfalques ou os "pacotes" de compensações, que chegam a ser grotescos, para os executivos das grandes empresas? A resposta, claro, é um categórico não.

O procedimento básico irregular é considerado tão errado hoje quanto o era 100 anos atrás, embora eu concorde que a atmosfera de hoje produz racionalizações mais criativas e sofisticadas para semelhante confusão. É por isso que vale a pena prestar atenção ao conselho dado outrora por George Washington, um homem reconhecido por sua integridade: "Trabalhe para manter viva no seu peito aquela pequena centelha de fogo celestial chamada consciência".

Os seres humanos são a única espécie na face da Terra que sente culpa. Nunca encontraremos cães, gatos ou canários agindo acabrunhadamente por terem comido demais ou se comportado inadequadamente numa ocasião social (e quantos deles na verdade abusam do sistema). Os humanos são únicos pela capacidade de reconhecer a diferença entre os rumos virtuosos e os desonestos. E quando optamos pelo caminho errado, nós sofremos – pelo menos internamente.

As agulhas das bússolas de cada um apontam para a verdade. Conceitualmente, o caminho ético é evidente para toda pessoa de bom senso.

Nem sempre somos obrigados por lei a fazer o que é digno e adequado. Decência e generosidade, por exemplo, não são imposições legais. E a ética é uma questão de opção pessoal.

Nem sempre somos obrigados por lei a fazer o que é digno e adequado. Decência e generosidade, por exemplo, não são imposições legais. E a ética é uma questão de opção pessoal.

As leis definem rumos que precisamos legalmente adotar ou evitar. A ética é um conjunto de padrões de conduta que deveríamos obedecer. Há alguma superposição entre as duas, mas o comportamento virtuoso fica geralmente a critério de cada indivíduo. Nem todo o treinamento profissional disponível no mundo garante a alguém o exercício de uma liderança moral. Ao contrário das leis, a virtude não pode ser politicamente ditada, muito menos imposta por burocratas, o que não os impede de continuar tentando. O Congresso dos EUA considerou o mundo corporativo atual de tal maneira desafiado em matéria de ética que aprovou a Lei Sarbanes-Oxley, numa tentativa de reabilitar a credibilidade do mercado. No entanto, respeito, civilidade e integridade só voltarão a imperar com a retomada dos antigos valores em base estritamente individual.

O procedimento ético é para a concorrência nos negócios o que o espírito esportivo significa para as competições atléticas. Sempre fomos orientados a seguir as regras, a ser leais, e a mostrar espírito esportivo. O regulamento nem sempre deixou clara a proibição de achar atalhos. Estava implícito que cada competidor deveria percorrer toda a extensão da pista oval e não poderia cortar caminho pela grama.

Meus netos têm um clube especial chamado The Great, Great Guys Club (The G^3 Club). Os sócios devem ter no mínimo seis anos de idade para participar das competições, não podem cair no sono, fazer xixi nas calças, nem escapar para baixo da mesa, entre outras proibições. Eles estabelecem regras muito próprias. Para espanto geral, o clube é um lugar relativamente pacífico. Como os pais não estão presentes, é interessante observar os padrões estabelecidos pelos sócios. A seguir, alguns exemplos (com os enxertos literários do vovô, é evidente):

- Faça o que deve fazer quando for mandado.
- Gentileza e honestidade determinam a alma e o caráter.
- Nunca minta.
- Cubra a boca quando for tossir ou bocejar.

As crianças sabem o que é comportamento adequado, mesmo que nem sempre o adotem. Suas bússolas morais, embora ainda em desenvolvimento, estão em pleno funcionamento. São jovens demais para saber que podem trocar sua consciência por uma cotação mais elevada no índice Moody's. Sabem por instinto que uma consciência tranqüila é sua melhor amiga. Nunca ouviram falar de Sófocles, mas entendem sua mensagem: "Não existe testemunha tão terrível nem acusador tão poderoso quanto a consciência".

O leitor alguma vez observou como é quase inexistente a fraude entre as crianças? A honestidade que colocam em todos os tipos de observação? Como conseguem jogar honestamente uns com os outros? A tranqüilidade com que competem quando não há adultos por perto? Claro, sempre houve – e continuará havendo – brigas ocasionais entre eles, mas os jovens conseguem resolver seus conflitos sem precisar, para tanto, recorrer a um livro de regras de 300 páginas, muito menos a um tribunal de justiça. Os jogos da pracinha não contam com árbitros ou treinadores, relógios ou margens definidoras de espaços de cada um. Quando as crianças parecem não estar raciocinando direito, é sempre mais um caso de reação espontânea do que alguma tentativa calculada de obter vantagem ilícita.

Como regra geral, o protocolo das disputas da pracinha determina que se ofereça amparo a adversários caídos, se compartilhe brinquedos, expulse mentirosos ou trapaceiros, que os jogos sejam sempre disputados com a maior lealdade, e que os participantes façam continuado uso de expressões de agradecimento e elogio – por exemplo, 'por favor', 'muito obrigado', 'bela jogada', 'valeu, cara!' – com toda a naturalidade. Parafraseando Sócrates, consciências tranqüilas semeiam harmonia.

Às vezes, alguns colegas dos tempos das aulas de biologia no primeiro grau escreviam respostas a questões previstas para a prova nas palmas das mãos ou nos punhos das camisas. Não eram muitos, pois todos sabíamos que colar era errado. Além do receio de serem apanhados, a maior parte dos estudantes também ansiava por respeito e boas notas. Se alguém soubesse que colava, você nunca mais seria escolhido para um organismo estudantil, nem respeitado no campo de esportes. Talvez isso fosse apenas parte da inocência dos anos 1950, mas os estudantes do século XXI ainda sabem que colar é errado, mesmo que demonstrem maior indiferença em relação às transgressões do que as gerações passadas.

As pessoas muitas vezes apresentam como desculpa para mentir, trapacear e fraudar o fato de terem sido pressionadas pelas elevadas expectativas, ou simplesmente alegam que "todo mundo faz isso". Há ainda aqueles que se queixam ser esta a única maneira de se manterem a par das exigências do mundo moderno. Essas desculpas soam um pouco melhor do que as verdadeiras razões pelas quais escolhem o caminho inadequado: arrogância, ânsia pelo poder e falta de firmeza de caráter, todas elas constituindo problemas na igualdade de oportunidades. O *status* econômico, esfera de influência, convicção religiosa ou política nunca parecem constituir fatores na determinação de a quem esses vírus infectarão.

Fazer sucesso ou chegar ao posto mais alto de uma carreira a qualquer custo é, por definição, um objetivo imoral.

Existe em cada explicação e cada desculpa, por mais sem fundamento que venham a se revelar, uma consciência da impropriedade. Fazer sucesso ou chegar ao posto mais alto de uma carreira a qualquer custo é, por definição, um objetivo imoral. Os ingredientes para o sucesso de longo prazo – coragem, visão, persistência, risco, oportunidade, suor, lágrimas, capacidade, disciplina, honestidade – nunca variam. E todos nós sabemos disso.

No entanto, no clima de "o ganhador leva tudo" que caracteriza o mercado dos tempos modernos, os atalhos para o sucesso, pelo menos aqueles iniciais, são tentadores, a mentira muitas vezes pode ser lucrativa. Dito isso, a verdade é que fraudadores, atacantes sem ímpeto, artistas enganadores e assemelhados nunca tiveram, historicamente, sucesso por muito tempo. E quando eles são desmascarados, a queda é rápida, dolorida e sem volta.

Seja por "enfeitar" currículos ou exagerar rendimentos, as pessoas tendem, quando descobertas, a justificar qualquer conduta anti-ética. Os dirigentes do conglomerado norte-americano Enron tentaram desde o começo justificar as más práticas, da mesma forma que os da Tyco, outro grupo envolvido em escândalo, mas a verdade é que o caminho impróprio nunca é fundamental para o sucesso no mercado em sua forma mais legítima.

Os valores são bóias para aprender a nadar cuja utilização adequada é tão fundamental nas atormentadas salas de diretorias de corporações quanto era, antigamente, nas aulas de natação.

Da mesma forma que a moral precisa
de leis para ser mantida, as leis,
para serem cumpridas, precisam
de uma boa justificativa moral.
— Maquiavel

O segredo da vida é a honestidade
e a integridade. Se você consegue
fingir isso, está feito.
— Groucho Marx

O americanismo significa as virtudes da
coragem, honra, justiça, verdade, sinceridade
e audácia – as virtudes que construíram a
América. Os fatores que destruirão América
são a prosperidade a qualquer preço... o
amor pela vida mansa e a teoria de vida que
manda ficar rico o mais depressa possível.
— Theodore Roosevelt

3

Siga as Regras

Competir com garra e lealdade – sem ultrapassar a linha.

As regras que cumprimos e aquelas que ignoramos são um indicativo do nosso caráter, e é exatamente o caráter que determina como o nosso sistema de valores comanda nossas vidas.

Ainda em idade muito precoce, imbuídos de propósitos morais por aqueles que sobre nós exercem influência, aprendemos e ficamos sabendo o que é e o que não é importante. A Regra de Ouro, a melhor maneira de comportar-se à mesa, respeitar o próximo, saber competir, os códigos não escritos como o de não atravessar a pista que nos cabe na corrida, bem como compartilhar – todas essas normas contribuem para o desenvolvimento do nosso caráter.

O caráter é determinado principalmente pela integridade e pela coragem. A reputação varia conforme a idéia que os outros fazem de nós. O caráter é a maneira pela qual se age quando ninguém está à espreita. Esses traços, ou a falta deles, são os fundamentos das decisões morais de toda a vida. Uma vez surgida a desonestidade, a falta de confiança se torna a marca registrada de futuras negociações ou associações. O filósofo escocês do século XVIII Francis Hutcheson tinha tudo isso em mente ao afirmar: "Sem uma constante adesão ao princípio de dizer a verdade, toda confiança existente na comunicação estaria perdida".

Por mais difíceis que sejam, as negociações devem ser leais e honestas. Dessa forma, ninguém precisará, no dia seguinte, tentar lembrar qual foi mesmo a sua promessa da véspera.

Empresários e empresárias não colocam a perder sua integridade ao conduzir transações difíceis, ao negociar intensamente ou ao lutar com decisão a fim de conquistar qualquer vantagem legítima. Por mais difíceis que sejam, porém, as negociações devem ser leais e honestas. Dessa forma, ninguém precisará, no dia seguinte, tentar lembrar qual foi mesmo a sua promessa da véspera.

Eu sempre barganho, por princípio, quer esteja comprando alguma coisa que valha um dólar, quer esteja procurando consolidar uma aquisição avaliada em um bilhão de dólares. A negociação me entusiasma, mas a verdade é que jamais buscarei tirar vantagem de alguém à custa de engano ou suborno. Além de serem práticas moralmente erradas, elas tiram qualquer graça de se obter um lucro.

Subornos e fraudes podem até resultar em vantagens temporárias, mas sua prática implica um enorme risco. Amesquinha todas as formas de negociações, dá fortuna apenas a alguns indivíduos corruptos e transforma em motivo de deboche as regras do jogo.

Na década de 1980, a Huntsman Chemical inaugurou uma fábrica na Tailândia. A Mitsubishi era sócia dessa *joint venture*, que batizamos de HMT. Com investimentos de cerca de US$ 30 milhões, a HMT anunciou a construção de uma segunda planta. Eu mantinha uma relação profissional com o ministro da Fazenda do governo tailandês, que nunca perdia oportunidade para sugerir que essa relação poderia ser mais próxima.

Convidado, fui certa vez a um jantar na mansão do ministro, que aproveitou para exibir 19 Cadillacs novos estacionados em sua garagem, que ele não se negou a descrever como "presentes" de empresas internacionais. Eu tratei de explicar que a Huntsman não era dada àquele tipo de prática, fato que ele aparentemente aceitou.

Alguns meses depois, recebi um telefonema de um executivo da Mitsubishi em Tóquio, responsável pelas operações na Tailândia. Seu objetivo era informar que a HMT tivera de pagar propinas anuais a vários altos funcionários do governo para continuar operando, e que a nossa parte nessa "despesa conjunta" do negócio seria, naquele ano, de US$ 250 mil.

Respondi que não tínhamos a menor intenção de pagar, mesmo que fossem apenas cinco centavos, por algo que não passava de pura e simples extorsão. Ele retrucou argumentando que todas as empresas que operavam na Tailândia pagavam essas "tarifas" como forma de continuar trabalhando no país. Como depois ficou comprovado, e sem que isso tivesse chegado ao nosso conhecimento, a Mitsubishi estivera, até ali, pagando o que seria a nossa parte das propinas para garantir o empreendimento, tendo chegado, porém, à conclusão de que era hora de a Huntsman Chemical fazer a sua parte.

No dia seguinte, informei à Mitsubishi que estávamos vendendo nossa parte naquele negócio. Depois da tentativa frustrada de fazer com que eu mudasse de idéia, a Mitsubishi comprou nossa parte na HMT por um preço muito abaixo do real. Perdemos cerca de US$ 3 milhões a curto prazo. A longo prazo, porém, esse prejuízo resultou em lucro inesperado. Quando a crise econômica se abateu sobre a Ásia alguns anos depois, aquele empreendimento foi um dos que não sobreviveram – prejuízo total.

Nos EUA e na Europa Ocidental, proclamamos que os padrões são mais elevados em matérias como o pagamento de subornos, mas a verdade é que nem sempre fazemos o que dizemos. Decisões éticas podem ser incômodas e não lucrativas no curto prazo, mas a verdade é que depois que nossa recusa a pagar "comissões" na Tailândia se tornou conhecida, nunca mais tivemos problemas relacionados a subornos naquela parte do mundo. A palavra se espalhou: a Huntsman só diz não. E assim também o fazem muitas outras empresas.

Uma vez que nossos valores sejam comprometidos por participações em subornos e semelhantes, torna-se quase impossível restabelecer a reputação ou a credibilidade da empresa. Portanto, é preciso escolher com o maior cuidado os sócios em empreendimentos, sejam eles indivíduos, empresas ou até mesmo nações.

Tenho a reputação de ser um negociador exigente, mas honesto e franco. Costumo negociar pesada e intensamente – e sempre abordando todos os aspectos de qualquer transação. Como, em geral, acabo obtendo a melhor parte de qualquer barganha, cheguei a ponto de encontrar um CEO que simplesmente se recusou a negociar uma fusão de empresas comigo. Ele não quis ser tido nos meios industriais como mais um dos que "ficaram com medo" ou dos que venderam sua parte do negócio no momento errado e pelo preço inadequado. Nunca, porém, alguém se recusou a negociar comigo alegando falta de confiança.

A concorrência é parte integral do espírito empreendedor e do livre mercado. Trapacear e mentir é que não fazem parte desse jogo. Se a imoralidade inerente à trapaça e à mentira não é coisa que o incomode, leitor, pense um pouco a respeito disto: mais cedo ou mais tarde ela conduz ao fracasso.

São conhecidos, nos EUA, provérbios como "vencedores nunca trapaceiam, trapaceiros nunca vencem". E também coros infantis entoados contra alguém que não esteja dizendo a verdade, do tipo *liar, liar, pants on fire* (algo como "mentiroso, mentiroso, as calças 'tão' pegando fogo"). Essas coisas de criança continuam verdadeiras e mais do que atuais. Atalhos morais sempre encontram uma maneira de se tornar tentadores.

Na religião xintoísta, existe um ensinamento segundo o qual "quem conspira e é conivente para enganar as pessoas, pode enganar por algum tempo e até lucrar com isso, mas nunca irá escapar do castigo divino". Eu me atrevo a acrescentar que o julgamento humano também chega na hora certa. Existe sempre uma punição para todos os tipos de ações desonestas.

Pense nesta parábola: num vôo noturno sobre o oceano, o piloto anuncia aos passageiros que tem boas e más notícias. "As más notícias são de que perdemos contato pelo rádio, nosso radar não está funcionando, e a nebulosidade intensa bloqueia nossa visão das estrelas. As boas notícias são que temos um forte vento de cauda e por isso estamos cumprindo, com sobras, o tempo previsto de vôo."

São muitas as profissões em que encontramos exemplos de valores superficiais, mas Wall Street é certamente um dos lugares em que isso é mais evidente, com o *ethos* predominante indicando que quanto mais alguém conseguir enganar os outros, mais dinheiro irá ganhar. Foi ninguém menos que Abraham Lincoln que nos lembrou: "Não há lugar mais difícil para se achar um homem honesto que a Wall Street, em Nova York".

São muitas as profissões em que encontramos exemplos de valores superficiais, mas Wall Street é certamente um dos lugares em que isso se faz mais evidente.

Do alto dos meus quase 40 anos de negociações na Wall Street, posso garantir que poucos foram os indivíduos integralmente honestos que encontrei. Aqueles que são confiáveis e honrados são raros – mas profissionais maravilhosos. Alguns dos meus melhores amigos encontram-se nesse pequeno grupo, estejam eles em Nova York ou Salt Lake City. Os que optam por enganar o próximo descobrem que não se trata do tipo de corrupção que manda pessoas para a cadeia. Trata-se mais de uma espécie de desonestidade intelectual e falta de ética pessoal. A compensação substituiu a ética como princípio de atuação. Em Wall Street existe apenas um objetivo e um valor: quanto dinheiro é possível ganhar?

É correto negociar duramente qualquer acordo comercial, desde que seja com as mãos limpas e as mangas arregaçadas.

Para a Wall Street, nada há de errado com esse tipo de procedimento, pois todo mundo age assim; mas a ausência de integridade também acaba produzindo uma falta de respeito. WorldCom, Tyco, Enron e outras corporações gigantescas tinham líderes que não negociaram com lealdade. Porque trapacearam, acabaram perdendo. A acumulação de riquezas tornou-se a principal força motora para esses executivos. Eles deixaram completamente de lado a regra de ouro da integridade: a confiança é um cumprimento mais forte do que a afeição. É da integridade que surge o respeito.

Os grandes vencedores nunca alcançam a linha de chegada por vias clandestinas ou comprometedoras. Eles o fazem à moda antiga – à base de talento, trabalho duro e honestidade. É correto negociar duramente qualquer acordo comercial, desde que seja com as mãos limpas e as mangas arregaçadas.

Comprometa-se a jamais enganar ou a tirar vantagem indevida de terceiros. Agindo dessa forma, será possível contar com novos e futuros negócios com grandes empresas, depois de concretizar com êxito aquele primeiro empreendimento tão duramente negociado. Estabeleça como linha de conduta pessoal fazer com que ambas as partes sintam que atingiram os respectivos objetivos em qualquer transação.

Em 1999, eu negociava arduamente com Charles Miller Smith, então presidente e CEO da Imperial Chemical Industries, uma das maiores companhias da Grã-Bretanha. Meu objetivo era a aquisição de algumas das divisões químicas da ICI. Seria o maior negócio da minha vida, uma fusão que simplesmente dobraria o porte da Huntsman Corp. Tratava-se, porém, de uma transação complicada, com intensas pressões de ambos os lados. Charles precisava obter um bom preço para ficar em condições de reduzir parte das dívidas que então pesavam sobre a ICI; quanto a mim, o problema residia no fato de que dispunha de um limite de capital para completar a aquisição.

Durante as prolongadas negociações, a esposa de Charles passava pelos últimos estágios de um câncer terminal. Já no final de nossas negociações, ele se mostrava emocionalmente afetado. Quando a esposa faleceu, nem é preciso descrever o estado em que ele se encontrava. E nós ainda não tínhamos completado nossas negociações.

Eu decidi que os pontos principais dos últimos 20% do negócio permaneceriam como haviam sido propostos. É muito provável que eu pudesse ter, àquela altura, arrancado outros US$ 200 milhões em nosso benefício, mas isso certamente se deveria ao estado emocional de Charles. O nosso acordo, tal como estava, já era suficientemente bom. As duas partes saíram vitoriosas, e eu ganhei um amigo para a vida inteira.

Todas as famílias, residências e salas de aula têm padrões próprios. Não há confusão sobre as linhas que se pode ou não cruzar. Mesmo argumentando que não conhecia os limites ao ser apanhada em alguma transgressão, a pessoa tem consciência de que a cometeu. Mas o que acontece quando alguns desses jovens se tornam adultos? Por que eles violam as normas que trouxeram de casa e da escola? Por que insistimos em explicar, ou até mesmo em justificar, um comportamento inadequado quando, no íntimo, sabemos que é realmente errado agir dessa forma? Alguma força sinistra parece ter passado a dominar o mundo nas últimas décadas, ao longo das quais encontrar maneiras de tornar sem efeito os padrões tradicionais vem se tornando uma maneira de ser e de agir cada vez mais tolerada.

Na adolescência, meu pai, quando me dizia que eu deveria voltar para casa às oito horas, não dizia da noite ou da manhã. Eu sabia que ele estava dizendo oito horas daquela noite. Ele também não se estendia em detalhes sobre o que queria dizer quando falava que "eu" não deveria dirigir o Ford da família. Embora tecnicamente ele tivesse dito que eu não deveria dirigir o cupê Ford 1936, era lógico que nisso ele incluía meus amigos. (Um advogado poderia argumentar que, tecnicamente, somente eu estaria proibido de dirigir. A menos que o meu pai incluísse os amigos ou colegas com quem saía naquela proibição, qualquer outra pessoa que não eu estaria tecnicamente autorizada a dirigir. Mas eu sabia que não era bem isso.)

À medida que as pessoas crescem, as desculpas que inventam para não agir conforme as regras é algo muitas vezes capaz de deixar qualquer ficcionista verde de pura inveja. A culpa é sempre das circunstâncias, ou dos "outros". O cachorro da família comeu o tema de casa que nós ignoramos e não fizemos. Costumamos justificar que o comportamento imoral é uma prática amplamente aceita. Espantar qualquer tipo de responsabilidade que cabe a nós e colocá-la nos ombros de outros tornou-se uma forma de arte.

Na verdade, recorremos às mesmas desculpas esfarrapadas do tempo de infância quando apanhados em flagrante na prática de algo impróprio. A diferença é que, quando adultos, pensamos ser mais convincentes. Não somos. A linha do "todo mundo faz isso" nunca funcionou na adolescência, e não é agora que ela vai dar resultados. É algo totalmente indesculpável e facilmente desmentível. Nem todo mundo está fazendo isso. E, mesmo se estivesse, isso ainda seria errado –sabemos que é errado.

Há sempre aquela velha e medrosa desculpa: "Foi o diabo que me tentou." O diabo nunca leva ninguém a fazer qualquer coisa. Sejamos honestos. Ações inadequadas muitas vezes parecem o caminho mais fácil, não exigem coragem, ou são temporariamente vantajosas.

O diabo nunca leva ninguém a fazer coisa alguma. Sejamos honestos. Ações inadequadas muitas vezes parecem o caminho mais fácil, não exigem coragem, ou são temporariamente vantajosas.

Se o presidente Richard Nixon tivesse admitido desde o começo a existência daquelas ilegalidades e assumido a responsabilidade pela conduta inadequada de seus subordinados, algo que lá no fundo do seu ser ele sabia ser errado, o povo americano o teria perdoado. Com um ato de arrependimento, ele poderia até mesmo ter estabelecido um padrão de comportamento presidencial.

✪

As crianças observam os mais velhos para aprender a melhor maneira de agir. Os funcionários se espelham nos supervisores. Os cidadãos observam os líderes públicos e políticos. Se esses líderes e os exemplos por eles dados forem inadequados, aqueles que os acompanham muitas vezes agirão da mesma forma errada. Nada mais simples do que isso.

Não existem atalhos no jogo dos negócios – nem na vida. Existem, basicamente, três tipos de pessoas: as malsucedidas, as que conseguem sucesso durante algum tempo e aquelas que se tornam e permanecem bem-sucedidas. O que as diferencia é o caráter.

Quando vemos os sucessos concretizados por outras pessoas, tudo parece ter ocorrido com grande facilidade. Não poderia haver conceito mais distanciado da verdade. Fracassar é que é fácil. O sucesso é sempre difícil. O ser humano pode fracassar com grande facilidade; o sucesso, no entanto, ele só alcançará empenhando tudo o que tem e tudo aquilo que é.

— Henry Ford

Um navio ancorado no porto é muito seguro, mas não é para isso que construímos navios.

— William Shedd

4

Dê o Exemplo

Risco, responsabilidade, confiabilidade – a fórmula da liderança.

Eu sempre gostei da passagem bíblica, "aquilo que o homem semeia, ele também colherá". Ela descreve a responsabilidade da liderança com clareza e concisão, definindo-a com perfeição. A lição é mais do que clara: o cultivo cuidadoso vale a pena. Pais e empregadores que nutrem, elogiam e, quando necessário, disciplinam com justiça, são mais felizes e bem-sucedidos, e influenciam os que deles dependem.

Nada de novo aqui, você diria? Concordo, mas precisamos estar sendo sempre lembrados desses pontos para superar quaisquer obstáculos imprevistos e incontroláveis que possam toldar os resultados pretendidos.

No mercado, por mais que façamos tudo o que está ao nosso alcance para ter gordos lucros, há sempre a possibilidade de que, em função de erros cometidos de boa-fé, de atos incorretos de terceiros, de situações adversas de mercado, ou de atos da natureza, uma boa colheita nos escape. Os anos que na infância passei trabalhando em plantações de batatas me ensinaram até que ponto uma geada prematura ou chuvas pesadas podem prejudicar a colheita, por mais que nos empenhemos em todos os detalhes do cultivo.

Uma hesitação inadequada por nossas próprias mãos, ou pelas de terceiros, também pode arruinar toda uma situação. Apesar de uma visão inspirada, da mais pura das intenções, da dedicação exemplar e das melhores habilidades, o sucesso nunca pode ser dado como antecipadamente assegurado. O mais importante é que a pessoa encarregada de um empreendimento assuma a responsabilidade pelos resultados, sejam eles bons, ruins ou péssimos. Cercar-se das melhores pessoas disponíveis e então aceitar a responsabilidade é a melhor fórmula para tanto.

Como oficial da marinha a bordo do U.S.S. Calvert no Mar do Sul da China em 1960, aprendi essa lição em carne e osso. O meu oficial comandante, capitão Richard Collum, era um veterano da II Guerra Mundial por quem eu nutria grande admiração. Numa oportunidade, deveríamos fazer uma manobra dos navios de nosso esquadrão com os de outras sete nações. O Calvert transportava o almirante, ou, em jargão naval, era a nau capitânia. Todos os navios seguiam a liderança da nau capitânia.

Eram 4 da madrugada e eu era o oficial na ponte de comando. Então um tenente de 23 anos de idade, eu tinha ainda muito a aprender, mas ainda assim me fora atribuída a grande responsabilidade de comandar a formação dos navios durante aquelas primeiras horas da madrugada.

Às 4h35min ordenei ao timoneiro: "Vá diretamente no rumo 335". O timoneiro gritou de volta em confirmação, como é tradicional na marinha: "Indo diretamente no rumo 355".

Eu pensei que tudo estivesse correndo bem, mas a verdade é que não ouvira direito a resposta errada do timoneiro. Ele pensou que eu tivesse ordenado "355" graus, em vez de "335". Enquanto tomávamos o rumo incorreto, os demais navios nos seguiram. Ficamos fora do rumo correto em 20 graus.

Alguns dos navios se deram conta do erro e retornaram ao curso adequado. Outros, não. A formação entrou numa perigosa confusão. Evitar colisões causou um verdadeiro pandemônio – tudo culpa minha. Felizmente, ninguém saiu dali ferido – exceto a minha autoconfiança. Senti-me um completo fracasso. Como é que alguém poderia dar uma ordem ao timoneiro, receber a confirmação dessa ordem errada e não identificar a discrepância? Afinal, a repetição da ordem é exatamente o mecanismo de segurança em relação a tais enganos.

Tomando conhecimento da confusão reinante, o capitão Collum chegou correndo à ponte de comando, ainda de roupão, e imediatamente assumiu o controle da situação, substituindo um jovem tenente tremendamente envergonhado. Eu estava realmente devastado. Os 42 navios do nosso esquadrão levaram várias horas até se realinharem. Mais tarde, com mares mais calmos e a ordem restabelecida, o comandante chamou-me à sua cabina.

"Tenente Huntsman", começou ele, "você aprendeu hoje uma lição valiosa."

"Não, senhor", respondi. "Tudo o que sinto é uma enorme vergonha por ter falhado para com o senhor e para com todo o nosso pessoal."

"Muito pelo contrário, tenente, agora você nunca mais permitirá que semelhante falha se repita. Você permanecerá atento a qualquer ordem que emitir. Será, enfim, uma experiência que de muito lhe servirá na vida. Eu sou o capitão do navio. Tudo o que acontece é responsabilidade minha. Você pode não ter notado o erro do timoneiro, mas eu sou responsável por isso. A Marinha me submeteria a uma corte marcial se qualquer dos navios tivesse colidido durante esse exercício."

Aprendi ali o que significa ser um líder. Ainda que o oficial comandante estivesse dormindo na hora da confusão, os meus atos eram atos dele. O que também aprendi naquele dia foi que, ao assegurar a um jovem tenente envergonhado que ele ainda contava com a confiança do capitão, esse oficial garantiu uma esperança para o futuro.

Eu depois repetiria aquele cenário (o do capitão, não o do tenente) muitas vezes como líder da Huntsman Corp. Reprovar as falhas é algo que se faz sempre de uma maneira que mantenha intacta a autoconfiança e o comprometimento de buscar o melhor. Como CEO da corporação, eu assumia a responsabilidade por todas as nossas fábricas, ainda que algumas delas estivessem situadas a meio mundo de distância. Os CEOs são encarregados, pelos seus diretores, de garantir a boa conduta e a segurança dos funcionários e da companhia.

O mercado tem muitos líderes – principalmente em títulos. Mas liderança no sentido exato da palavra, lamento afirmar, não é assim tão abundante. Os principais executivos de algumas das principais indústrias não têm a menor idéia do alcance das expectativas dos acionistas e demais interessados no empreendimento. Isso é resultado do fato de às vezes existirem "líderes" meramente indicados para tais funções por qualquer motivo que não seus méritos, e de repente situados no topo da hierarquia empresarial, candidatos inclusive ao posto máximo de direção. A verdadeira liderança exige caráter.

Encontramos lideranças em todos os segmentos da sociedade: negócios, política, família, esportes, militares, religiosos, meios de comunicação, intelectuais, entretenimento, academia, e assim por diante. Em cada uma dessas instâncias, não pode existir liderança num vácuo. Por definição, ela exige a existência de outros, aqueles que seriam os liderados – e que poucas vezes constituem um grupo acomodado.

Liderança eficaz e respeitada se consolida mediante acordo mútuo. Liderança exigida é liderança negada. Liderança não existe para representar domínio sobre outros. Pelo contrário, trata-se de um composto de características que acaba fazendo por merecer respeito, resultados e um continuado acatamento.

Liderança eficaz e respeitada se consolida mediante acordo mútuo. Liderança exigida é liderança negada.

Liderança exige poder de decidir e por isso é fundamental que os líderes tenham conhecimento dos fatos. Para garantir que a eles sejam proporcionadas informação crítica e sólida consultoria, os líderes precisam cercar-se de assessores capazes, fortes e competentes – e dar atenção ao que eles dizem.

Infelizmente, são inúmeras as empresas e organizações comandadas por executivos que temem subordinados confiantes, francos e talentosos. Esses executivos buscam cercar-se tão-somente de assessores mais do que solícitos, do tipo sempre pronto a dizer "sim, senhor". Tais executivos preferem reverência em vez de liderança. O grande industrialista Henry J. Kaiser não tinha tempo a perder com mensageiros invertebrados. "Tragam-me más notícias", exigia ele dos subordinados. "Boas notícias só servem para me enfraquecer."

É também importante que os líderes tenham experiência. Em tempos de crises, a experiência é uma das principais ferramentas da liderança. Soldados em situações de combate preferem seguir veteranos testados em muitas guerras do que tenentes recém-saídos de um curso preparatório de oficiais. E isso não é muito diferente em outras situações da vida.

Os líderes precisam mostrar preocupação e afeição por todos aqueles situados sob seu comando e responsabilidade. As pessoas destinadas a prometer lealdade a um líder querem ser apreciadas por esse mesmo líder. Tenham ou não consciência disso, os executivos que assumem postos de liderança pensando exclusivamente nos "quatro Ps" – pagamento, privilégios, poder e prestígio – quase sempre estão a caminho do fracasso.

A liderança tem tudo a ver com assumir riscos. Quem tem uma vida à prova de fracassos não está em condições de se considerar o melhor entre os melhores dos líderes. Quem não se dispuser a correr riscos estará automaticamente incorrendo no maior de todos eles. Os líderes são chamados a entrar em arenas nas quais o sucesso não tem seguro contra fracassos, nas quais o fracasso público, pelo contrário, é uma possibilidade concreta. É um cenário assustador.

Os líderes são chamados a agir em arenas nas quais o sucesso não tem seguro contra fracassos, nas quais o fracasso público, pelo contrário, é uma possibilidade concreta.

Uma pesquisa realizada em 2004 constatou que três de cada cinco executivos seniores das mil maiores empresas da revista Fortune não querem, em absoluto, tornar-se CEOs. Esse dado já representa o dobro daquele constatado numa primeira pesquisa semelhante realizada no ano de 2001. Qual a razão para tanto?

A possibilidade de cometer erros aumenta dramaticamente com o exercício da liderança, seja qual for a natureza ou nível desta; mas nunca ter errado é, também, nunca ter exercido qualquer tipo de liderança.

Para sermos bem-sucedidos, precisamos estar sempre tentando coisas novas. Os índices de sucesso nunca foram nossa maior preocupação quando, ainda crianças, demos os primeiros e hesitantes passos, quando aprendemos a usar um banheiro, quando se tratava de acertar a boca aberta com a colher cheia de comida da mamãe, ou quando chegávamos à decisão de tentar amarrar o cordão dos calçados. Quando crianças, entendíamos que aquela atrapalhação toda era própria do começar. Fracassos temporários nunca chegaram a interferir na insistência até a concretização daqueles primeiros e grandiosos feitos do começo da vida.

Errar não é o maior problema. É a maneira de identificar e corrigir erros, de transformar fracassos em novas oportunidades, que determina a qualidade e durabilidade da liderança. O caso Watergate, nos EUA, não esteve centrado no fato de ter começado com um assalto, mas sim na incapacidade de admitir erros, de assumir responsabilidades por eles e de pedir ao público as devidas desculpas. Os que preferem ficar sempre debochando e criticando nos bastidores quando os protagonistas erram ou sofrem um tropeço maior não conseguem se dar conta desta verdade: enganos e descaminhos são muitas vezes transformados em experiências significativas e cheias de sucesso. É preciso ter sempre em mente um velho ditado: "O bom julgamento é conseqüência da experiência, e a experiência é o resultado do mau julgamento".

Lembro de uma sábia observação do presidente Teddy Roosevelt, em que ele põe o protagonista e o crítico contumaz em seus devidos lugares:

> **Não é o crítico que tem importância; nem o homem que aponta o tropeço do dirigente, muito menos o que indica o que o realizador poderia ter feito melhor. O crédito é todo daqueles que estão verdadeiramente em cena, daqueles cujas faces estão marcadas pela poeira, suor e sangue; aqueles que vão corajosamente em frente, que tropeçam,**

que várias vezes chegam perto da meta e insistem, pois sabem que não há esforço algum isento de erros e atrasos; e são também estes os que verdadeiramente lutam para conseguir os resultados, que conhecem os grandes entusiasmos, as grandes devoções, aqueles que se dedicam a uma causa verdadeiramente válida por saberem no seu íntimo que, no fim, estará à sua espera a conquista pretendida; e que, se apesar de tudo fracassarem, pelo menos o terão feito com grande honra, de tal forma que os seus lugares nunca venham a ser ocupados por aqueles de alma fria e amedrontada e que por isso nunca chegarão a conhecer vitória ou derrota.

A maior preocupação dos verdadeiros líderes não deve ser, jamais, a possibilidade de erros ocasionais; eles precisam, na verdade, proteger-se com o maior cuidado de tudo aquilo que possa deixá-los envergonhados.

A maior preocupação dos verdadeiros líderes não deve ser, jamais, a possibilidade de erros ocasionais; eles precisam, na verdade, proteger-se com o maior cuidado de tudo aquilo que possa deixá-los envergonhados.

Dito isso, é bom lembrar que um erro ocasional repetido muitas vezes acaba fazendo de um líder o cúmplice desse erro. Líderes fortes assumem a responsabilidade por problemas e enfrentam as conseqüências de maneira rápida e leal. Se o problema é responsabilidade sua, também o é a solução.

O risco era um dos temas preferidos dos meus filhos na hora do jantar, durante os anos em que cursavam o ensino fundamental e o primeiro grau. E foi exatamente o risco que levou alguns deles, anos depois, a se jogar arrebatadamente no mercado de *commodities,* no qual perderam até a roupa do corpo. Eles interpretaram erradamente meus conselhos (embora eu tenha de admitir que fiz algo semelhante quando jovem). Os líderes precisam claramente assumir riscos moderados.

Os líderes podem ostentar diferentes formatos e "sabores", mas a verdade é que os elementos centrais da liderança raramente variam: integridade, coragem, visão, comprometimento, empatia, humildade e confiança. Quanto mais fortes esses atributos, mais sólidas as lideranças.

Muitos executivos empresariais buscam acima de tudo compensações e privilégios infinitos. Legiões de políticos têm como único objetivo permanecer nos cargos pelo maior tempo possível e liderar tendo em vista seus próprios interesses. Existem dirigentes religiosos que se banham nas luzes do tratamento reverente a eles dispensado. E todos conhecemos celebridades para as quais a adoração dos fãs chega a ser um autêntico vício. Nada disso é liderança. Líderes autênticos e efetivos sustentam essa condição por meio do respeito conquistado à maneira tradicional.

Na parede do meu escritório tenho em quadro uma placa com as palavras de Edward R. Murrow, legendário jornalista da CBS: "Dificuldade é a única desculpa que a história jamais aceita."

Eu muito lutei para que meus filhos entendessem plenamente o significado dessas palavras. A vida é difícil e o sucesso mais ainda, mas tudo aquilo que vale a pena fazer é, por si só, um desafio. Dedicar-se a atividades isentas de dificuldades, vegetar em áreas isentas de riscos deve ser uma vida sem grande significado. As crianças são perceptivas. Aprendem tanto da observação quanto da participação e por isso mesmo os pais e mães que professam liderança precisam comprovar para os filhos que realmente praticam aquilo que apregoam.

A certa altura do ano de 2001, nossa empresa estava à beira da bancarrota. Nossos outrora bem cotados títulos de dívida chegaram a ser negociados a 25 centavos de dólar, cada. Nossas equipes financeiras e jurídicas haviam convocado especialistas em falências de Los Angeles e Nova York. A opinião a que haviam chegado se resumia na inevitabilidade da falência. Embora eu tivesse passado os poderes como CEO ao meu filho Peter, era ainda presidente da diretoria. E era também o maior acionista individual da companhia.

Para mim, falência era algo impensável. Afinal de contas, era o nosso nome que estava na fachada da sede da empresa. A dignidade da família estava em jogo. Virtualmente todos os 87 financiadores com os quais trabalhávamos à época acreditavam que só nos restava a falência. O dinheiro escasseava. Estávamos numa recessão. Nossa indústria tinha excesso de produção, as margens de lucros encolhiam. As exportações haviam sofrido uma queda brutal. Os custos da energia aumentavam sem controle.

No meio dessa tempestade, fomos ainda atingidos por uma onda criminosa, a da catástrofe dos atentados de 11 de setembro de 2001.

Tudo que consegui lembrar em meio a essa tragédia foi o quão grato me sentia por ter sido escolhido para liderar a companhia exatamente nesse momento, pois eu tinha a total convicção de que poderia conduzir nossas empresas por todos aqueles obstáculos. Não seríamos acossados por advogados especialistas em tomada hostil de corporações, banqueiros nem consultores regiamente pagos com todas as respostas por eles consideras as únicas – não no meu plantão, pelo menos. Nenhum deles seria capaz de entender verdadeiramente minhas noções de caráter e integridade.

Demos início a programas de redução de custos em todos os níveis e em todos os pontos geográficos em que estávamos instalados, negociamos uma posição de valor para os detentores de nossos títulos e refinanciamos nossas dívidas com aqueles 87 financiadores anteriormente mencionados. Levantamos capital adicional para ajudar a reduzir esses débitos. Pedaço por pedaço, remontamos o complexo mosaico financeiro. Teria sido bem mais fácil recorrer à falência, mas a verdade é que, dois anos e meio depois dessa crise, a Huntsman Corp. emergiu mais forte do que nunca. Wall Street ficou abismada com nosso feito.

Uma crise nos dá a oportunidade de mergulhar profundamente em nossas reservas morais, e dali emergir para níveis de confiança, força e determinação que de outra forma jamais descobriríamos possuir.

Uma crise nos dá a oportunidade de mergulhar profundamente em nossas reservas morais, e dali emergir para níveis de confiança, força e determinação que de outra forma jamais descobriríamos possuir. Na adversidade, chegamos face a face com aquilo que realmente somos e com o que é verdadeiramente importante.

Liderança exige um alto grau de confiança, justamente o que mantém muitas pessoas afastadas do desejo de estar no comando de situações problemáticas. Acreditar em si mesmo, não se deixar influenciar pelas emoções do momento, liberar as reservas interiores de força e convicção, tudo isso proporciona a energia indispensável para liderar. O bom líder precisa nutrir a confiança com a qual será capaz de sobreviver a situações em que outros não teriam capacidade. Há um grande espírito de "eu posso" em cada um de nós que está sempre pronto para ser liberado. Todos temos reservas às quais recorrer em tempos de perigo. Numa crise, a mente de qualquer pessoa pode revelar-se brilhante e altamente criativa; é aí que se revela, muitas vezes, o verdadeiro caráter.

Líderes são escolhidos para dar aqueles passos adicionais, para revelar coragem moral, para alcançar acima e além dos limites, e para chegar ao final da tarefa. Isso porque, no fim do dia, os líderes precisam mostrar resultados, sob pena de nada terem realizado.

No ambiente atual em que predomina a filosofia do "o que eu levo de vantagem nisso", a humildade é vital para a boa liderança. O líder precisa ter capacidade de aprender e reconhecer o valor dos outros na consolidação de soluções positivas para problemas comuns a uma coletividade.

Tive um recente encontro com o meu velho amigo Jeroen van der Veer, executivo-chefe do Royal Dutch/Shell Group, no seu escritório em Haia, na Holanda. Jeroen era presidente da Shell Chemical Company em Houston, Texas, no começo da década de 1990. Eu sabia muito bem, à época, que ele estava abrindo seu caminho para vir a ocupar a mais importante posição na maior companhia de todo o mundo. Tornamo-nos amigos de confiança.

Certa vez, perguntei a ele quais seriam os valores da liderança. "O único valor comum que a maioria dos líderes não tem, atualmente, seja nos negócios, na política ou em religião", foi a resposta dele, "é a humildade." Citou então diversos casos de indivíduos muito bem conceituados que acabaram desalojados das invejáveis posições que ocupavam simplesmente por se recusarem a ser humildes e maleáveis.

"Eles conheciam todas as respostas para tudo e se recusavam a dar ouvidos mesmo ao mais sábio e prudente conselho de outros. A maior preocupação deles deveria concentrar-se na maneira de criar outros líderes, no longo prazo e numa certa modéstia em relação às próprias capacidades."

Além disso, os líderes devem ser francos com aqueles que devem comandar. Compartilhar boas novas é muito fácil. Quando for a hora de dar notícias mais perturbadoras e negativas, o importante é ser franco e assumir responsabilidades. Não é certo ocultar possibilidades preocupantes, muito menos delegar a subordinados a tarefa de divulgar más notícias. O procedimento mais indicado para um líder é colocar os funcionários a par dos problemas existentes da maneira mais honesta possível.

Quando eu estava no último ano do primeiro grau, consegui um emprego montando carros e triciclos numa Payless Drugstore. Na véspera do Natal, o gerente da loja me deu de presente uma caixa de chocolates – e me demitiu. Eu fiquei arrasado. O gerente nunca me havia dado a entender que o emprego era temporário. Aquilo tudo me deixou uma impressão tão ruim que eu jurei, para mim mesmo, que sempre seria completamente franco com os empregados que trabalhassem para mim, no futuro, se houvesse a possibilidade de demissão.

✪

Liderança precisa ser genuína, enérgica e engajada. Nos últimos 25 anos, prestei serviços como membro da diretoria de cinco das principais empresas da Bolsa de Valores de Nova York. Ao longo de todo esse tempo, foram poucos os homens e mulheres que conheci que, na minha opinião, tivessem real valia para as companhias envolvidas.

Diretores normalmente tomam decisões absurdas, voltadas para os interesses de Wall Street, danosas à saúde financeira de longo prazo das companhias para as quais trabalham, por serem viciados nos ganhos de curto prazo.

Seria a coisa mais lógica do mundo imaginar que a maior parte dos diretores de corporações sabem tudo sobre o mercado. Afinal, deveriam ser indivíduos brilhantes e de permanente sucesso. Infelizmente, muitas das diretorias de hoje não passam de clubes exclusivos que cumprem muito mal aquela que deveria ser a sua principal tarefa – proteger os interesses de longo prazo dos acionistas.

Infelizmente, muitas das diretorias de hoje não passam de clubes exclusivos que cumprem muito mal aquela que deveria ser a sua principal tarefa – proteger os interesses de longo prazo dos acionistas.

Inúmeros diretores corporativos carecem da necessária experiência na indústria em que atuam as empresas que comandam. A gerência facilmente consegue manobrar diretores como esses, cujas preocupações maiores são seus ganhos, os benefícios da aposentadoria e o prestígio que representa fazer parte da diretoria de uma corporação. É comum que tenham uma parte ínfima de seu capital particular investido na companhia que dirigem. Eles detestam estar em desacordo com o CEO, o presidente e outros diretores.

Os acionistas ficariam indignados se soubessem da falta de foco, habilitação, interação e opinião sensata exibida por um considerável número de diretores de corporações. Embora esses diretores às vezes acabem demitindo o CEO com a maior presteza quando um empreendimento fracassa ou algum escândalo envolvendo a empresa é revelado, eles estariam cumprindo mais efetivamente suas obrigações se agissem para impedir os CEOs de chegar a concretizar maus negócios ou adotar decisões anti-éticas.

É sempre bom prestar atenção e confiar no diretor que isoladamente abandona o caminho geral a fim de propor uma nova rota, que luta por uma nova perspectiva, que levanta questões éticas, ou que demonstra estar com o foco centrado no futuro dos acionistas.

Tenho enorme respeito pela maioria dos CEOs em ação no atual mundo empresarial. São homens e mulheres dedicados, talentosos e honestos. Sabem porque foram escolhidos para líder de suas respectivas companhias – e gostam de saber disso. Aceitam seus deveres: manter a saúde dos negócios, proporcionar um lucro justo da maneira mais profissional e socialmente responsável possível, exibir fortaleza moral, e ser acessíveis.

Quando um navio enfrenta problemas, como na história que relatei, todas as atenções se voltam para o capitão. O erro pode ter sido dos subordinados, mas é do capitão a responsabilidade por esse erro ter acontecido e, principalmente, pela tarefa de recolocar a embarcação no rumo certo. Tenham certeza, é muito mais difícil corrigir do que cometer um erro.

Liderança é um privilégio. Aqueles que são agraciados com ela precisam saber que devem esperar cobrança pelas responsabilidades que isso implica.

Não é incomum que pessoas ignorem propostas de melhores salários em troca da possibilidade de trabalhar para uma corporação com liderança consolidada e reconhecidamente ética. É natural que as pessoas sigam uma liderança que possam tanto admirar quanto respeitar. Com isso, pretendem estar em sincronia com esse tipo de líder, e muitas vezes estão comparando suas próprias vidas e carreiras com a da pessoa admirada – em ambiente corporativo, religioso, político, familiar, escolar ou qualquer outro.

Um bom exemplo disso é o de Mitt Romney, governador do estado de Massachusetts, que conseguiu devolver a integridade perdida pelos Jogos Olímpicos de Inverno de 2002. Essa demonstração clássica de liderança conseguiu contagiar todos os níveis da organização das Olimpíadas, chegando igualmente aos milhares de voluntários que nelas trabalharam. Como resultado, esses Jogos se tornaram os de maior sucesso e ausência de problemas na história recente do movimento olímpico.

Da mesma forma, pelo fato de os líderes serem observados e servirem de exemplo, qualquer envolvimento deles em conduta anti-ética ou ilegal pode ter efeitos devastadores sobre todos os seus liderados.

A coragem é, provavelmente, o mais importante fator isolado na identificação das verdadeiras lideranças. Há indivíduos que conhecem perfeitamente o que é certo e errado e têm capacidade de distinguir entre os dois, mas não mostram a capacidade de agir decisivamente na implantação do que é devido por não serem dotados da coragem que esses valores requerem das pessoas.

Os líderes – seja em famílias, corporações, grupos ou partidos políticos – precisam estar prontos e preparados para ficar contra a multidão sempre que seus valores morais forem de alguma forma desafiados. Devem ignorar qualquer crítica ou até mesmo insulto, se tiverem a certeza de estar no caminho certo e mais apropriado. Liderança implica destemor. Coragem é um requisito fundamental. Sem ela, comentou outrora Winston Churchill, outras virtudes perdem os respectivos significados. "A coragem é a primeira das grandes qualidades humanas porque é ela que garante todas as outras."

Alguns economistas sustentam que os líderes empresariais têm uma única responsabilidade: a de empregar todos os meios legais a fim de aumentar os lucros da corporação. O empreendimento comercial, argumentam esses economistas, é por natureza amoral. Concorra aberta e livremente em qualquer empreendimento pretendido desde que não venha a se comprometer em deslealdade e fraudes (violações das regras estabelecidas).

Uma vez abraçando-se esse tipo de credo, fica fácil de entender como há executivos que justificam a ignorância das normas éticas, ou até que ponto estudantes facilmente impressionáveis saem das escolas especializadas para o mercado sem contar com a indispensável predominância da moralidade em suas ações. Humildade, decência e liderança social são qualidades que, para eles, parecem irrelevantes.

O que esses mesmos economistas pregam é que se alguém encontrar algum furo nas leis que proíbam a tomada de atalhos ocultos na busca da meta de chegada, não é obrigado a permanecer na mesma pista daqueles concorrentes que fazem o percurso legalmente previsto. Para eles é permitido – obrigatório, até mesmo – maximizar resultados de acordo com uma interpretação mais do que liberal das regras oficiais de conduta, por mais distorcida, injustificada e indecente que seja semelhante interpretação.

Eu não atribuo integralmente a existência do campo minado em que nos encontramos atualmente a essa linha de pensamento. Na verdade, concordo com esses economistas até este ponto: os negócios em si não podem ter qualquer tipo de ética, da mesma forma que um edifício não a tem; apenas os seres humanos são dotados da capacidade de ostentar padrões éticos. Discordo mesmo deles é na implicação de que a observância de moral profissional desvia os executivos de empresas de suas obrigações fiduciárias.

Embora um negócio possa ser pela própria natureza amoral, sua liderança sempre é orientada por decisões morais. Muitas vezes é preciso uma enorme coragem para seguir a bússola moral em face das pressões do mercado, mas não há nada capaz de alterar este fato: seja quem for que estiver empunhando a bússola, seja qual for a maneira de fazer isso, não importando a hora do dia ou da noite, o norte sempre será o norte, e o sul, sempre o sul.

Seguir o rumo ditado pela bússola moral própria não é tarefa para covardes ou tímidos. Líderes dignos dessa condição entendem e aceitam o fato de que acabam sendo escolhidos, tanto por seus valores e coragem quanto pelas demonstradas habilidades administrativas, capacidade de *marketing* ou disposições visionárias.

Seguir o rumo ditado pela bússola moral própria não é tarefa para covardes ou tímidos.

... seja o vosso sim, sim,
e o vosso não, não.
— Evangelho segundo Tiago 5:12

A Primeira Emenda tem 45 palavras;
o Pai Nosso chega a 66 palavras;
o Discurso de Gettysburg, 286 palavras.
Há, na Declaração de Independência,
1.322 palavras,
mas as regulamentações do governo
sobre a venda de repolho
totalizam 26.911 palavras.
— National Review

Um homem de coragem faz a maioria.
— Andrew Jackson

5

Mantenha a Palavra

Está mais do que na hora de encurralar os advogados corporativos.

Shakespeare não falava literalmente ao dizer que a primeira coisa que teríamos de fazer seria matar todos os advogados, mas podemos perdoar aqueles que chegam a sorrir desse pensamento, uma vez que a profissão legal, coletivamente e com nossa cumplicidade, está na verdade eliminando a responsabilidade e a confiança pessoais que outrora eram símbolos dos Estados Unidos. Todos nós, em maior ou menor grau, somos parcialmente responsáveis por essa erosão da integridade, mas para mim a culpa maior de todas, com raras exceções, é dos advogados, especialmente dos advogados das corporações.

Os advogados não começam a vida querendo fazer isso, mas são treinados, na faculdade de direito, a ganhar questões, jamais a intermediá-las. Ao abrigo de uma pretensa proteção legal, muitos advogados de corporações tornaram impossível fechar qualquer tipo de negócio com um simples aperto de mãos. Eles criaram, talvez até sem querer, uma onda gigantesca de desconfiança, acabaram com amizades de longo tempo, e trocaram a boa vontade inerente entre as pessoas por brechas na lei, cláusulas de fuga e fraseado inconseqüente.

O ditado segundo o qual a palavra representava o compromisso da pessoa foi substituído pela assertiva de que a palavra de qualquer pessoa depende da interpretação legal.

O ditado segundo o qual a palavra representava o compromisso da pessoa foi substituído pela assertiva de que a palavra de qualquer pessoa depende da interpretação legal.

Transações concisas e diretas não têm mais qualquer peso legal a menos que acompanhadas por 100 páginas de exceções e interpretações no mais complexo "legalês". Um negócio fechado com um aperto de mãos não tem o menor valor quando não acompanhado por um documento legal assinado cuja complexidade, via de regra, rivaliza com a do Tratado de Versalhes.

Trata-se de uma grande fraqueza do nosso sistema, pois a maior parte dos advogados pouco entende ou pouca experiência apresenta em matéria de negócios. A tendência natural deles é focar-se no porquê de alguma coisa não dever ou não poder ser feita. Mascotes legais vão encorpando o setor dos tenores e sopranos desse coro que só sabe dizer não. Investidores, contadores e consultores cercam esse coral como os altos e barítonos. Todos eles se mostram em perfeita harmonia.

Como escreveu Jeffery Sonnenfeld, vice-reitor de programas executivos na Escola de Administração de Yale, num artigo publicado pela *Business Week*, os advogados das corporações são considerados "os vice-presidentes do Não".

É inevitável o surgimento de problemas sempre que os clientes permitem que os advogados tomem decisões de negócios para as quais não estão qualificados. Num recente artigo na revista *Inc.*, o autor Norm Brodsky afirmou que os advogados mais escrupulosos entendem os limites de suas capacidades e por isso se restringem a proporcionar assessoria jurídica. "Advogados não tão escrupulosos", disse o mesmo autor, "cobram adiantado e se encarregam de arrasar com tudo. Advogados não entendem de negócios, embora muitos deles façam os clientes acreditar no contrário."

Muitos CEOs e equivalentes na hierarquia do mundo das corporações adotam cada partícula de "sabedoria" espargida por um advogado, sem se dar conta de que a pessoa que lhes está passando tais informações é muitas vezes aquela dotada do menor preparo para assessorar clientes dotados de um impressionante currículo estabelecido em toda uma sólida trajetória no mundo dos negócios.

Os seres humanos são honestos por natureza, mas basta alguém envolvido numa disputa mencionar a possibilidade de pedir socorro jurídico para o outro lado sair correndo atrás dessa mesma ajuda. A essa altura, a negociação fica inteiramente por conta dos advogados.

Os seres humanos são honestos por natureza, mas basta alguém envolvido em numa disputa mencionar a possibilidade de pedir socorro jurídico para o outro lado sair correndo atrás dessa mesma ajuda.

Por isso mesmo, deixe os advogados fechados na ante-sala até surgir a real necessidade da participação deles. Eu cheguei a um ponto na minha carreira em que passei a dispensar os advogados de todas as reuniões nas quais fazíamos negociações sobre fusões, recorrendo a eles apenas quando surgia a necessidade de conhecimento das leis e sua respectiva linguagem.

Não se quer com isso afirmar que os advogados são inerentemente anti-éticos ou desonestos, certamente não em maior grau do que os integrantes de qualquer outra profissão. A questão é que os advogados tendem a substituir a ética pessoal por padrões profissionais. Os advogados são ensinados a representar os melhores interesses de seus clientes, mesmo que esse mandado signifique infligir sofrimento desnecessário à outra parte de uma questão.

Murray Swartz, um advogado de Nova York de considerável habilidade e renome, descrito freqüentemente como o advogado entre os advogados, sustenta que quando um advogado está agindo nessa condição para um cliente, "não é legalmente, profissionalmente nem moralmente responsável pelos meios utilizados ou pelos fins concretizados".

Michael Zimmerman, ex-presidente da Suprema Corte do estado de Utah, considera esse raciocínio nada mais do que uma maneira confortável de fugir à responsabilidade ética. Os advogados são bem mais do que técnicos amorais.

Os advogados certamente não constituem o único grupo que ocasionalmente recorre ao expediente de distinguir entre ética pessoal e normas profissionais. Os executivos das companhias de tabaco, que pretendem tão-somente expandir seus mercados e aumentar os lucros de suas corporações, costumam bloquear suas consciências com a observação simplista de que ninguém força ninguém a fumar. O custo humano que o produto deles extrai não é mencionado nas teorias empresariais que cobrem o soar das caixas registradoras.

Os políticos saem pela tangente e inventam histórias, prometem demais e cumprem pouco, tudo em nome de sua permanência em cargos e funções de poder. Tudo é válido no amor, na guerra e nas campanhas de reeleição.

Os meios de comunicação se investem do manto segundo o qual "o público tem o direito de saber" para depois blindar reportagens inconsistentes, injustas, erradas e preconceituosas atrás da Primeira Emenda da Constituição dos EUA (que garante a liberdade de expressão).

E eu já manifestei aqui mesmo minha opinião a respeito da Wall Street, uma arena na qual a desinformação é considerada virtude.

O que quero deixar claro com tudo isso é que existem questões maiores de ética pessoal, integridade e decência humana que, ocasionalmente, devem suplantar os padrões tradicionais de práticas profissionais.

Restabelecer os conceitos da responsabilidade pessoal e de que a palavra de alguém é sua mais sólida garantia significaria acabar com a dependência da sociedade em relação aos advogados.

Concentrei minha retórica mais pesada nesse problema por entender que a integridade é fundamental para todos, menos aqueles que se consideram os mais virtuosos. É desalentador constatar que, em nossos dias, duas pessoas não possam se sentir seguras a ponto de confiar num acordo oral, ou que não sejamos responsáveis pelos nossos erros.

Restabelecer os conceitos da responsabilidade pessoal e de que a palavra de alguém é a sua mais sólida garantia significaria acabar com a dependência da sociedade em relação aos advogados. Poderíamos evitar muitos problemas, tanto legais quanto sociais, oferecendo confiança, aceitando responsabilidades e garantindo a nossa palavra, mesmo quando isso signifique enfrentar dificuldades e problemas.

A maioria dos casais, vizinhos e colegas de negócios não saem correndo atrás do advogado cada vez que surge um desentendimento. Se pudéssemos pôr em prática valores morais básicos, os volumosos contratos legais que povoam nosso mundo se tornariam supérfluos.

Abraham Lincoln, que era advogado, nem por isso deixava de estar certo ao afirmar: "Não incentive o confronto. Convença seu vizinho, sempre que puder, a entrar em acordo. Como mediador de conflitos, o advogado continuaria tendo a maior das oportunidades de ser um homem de bem. E ainda restariam negócios suficientes para sustentá-lo."

Há uma estatística pitoresca segundo a qual os EUA têm 40 advogados para cada engenheiro, enquanto a China, emergindo como um das mais dinâmicas economias do mundo, tem 40 engenheiros para cada advogado. Não sei exatamente o que isso significa, mas certamente não pode ser algo benéfico para os norte-americanos. Deve ser apenas coincidência o fato de que a explosão das falhas éticas e legais no mundo empresarial venha aumentando em paralelo com o aumento do número de advogados.

"Muitas decisões de negócios envolvem riscos", destaca Norm Brodsky em seu artigo para a *Inc*. "E é por isso que devem ser tomadas pelos especialistas em negócios. Quem mais poderia determinar a extensão do risco que estaria disposto a enfrentar? Infelizmente, alguns advogados não entendem que é responsabilidade do cliente fazer a avaliação dos riscos."

Por favor, não confundam as coisas. É importante ouvir os advogados, mas apenas para que nos proporcionem uma opinião complementar. A opinião do responsável pelas decisões deve ser a mais importante – e também a definitiva.

É importante ouvir os advogados, mas apenas para que nos proporcionem uma opinião complementar.

Já são muitos os empresários que se recusam a dar um passo sem consultar primeiro sua assessoria jurídica. Dessa forma, perde-se a individualidade. Outra pessoa está pensando por nós, falando por nós, agindo por nós e nos levando a desconfiar do mundo inteiro.

A profissão jurídica tornou a vida complicada em demasia. O problema reside em acreditar que precisamos permanentemente de um advogado ao nosso lado. Praticamente não há mais quem se atreva a participar de uma discussão de negócios sem a companhia de um advogado, simplesmente por acreditar que o outro lado certamente estará preparando alguma armadilha.

Como o mal supostamente se esconde nas entrelinhas, nos detalhes, as negociações representam uma enorme e lucrativa fonte de renda para os advogados.

Como o mal supostamente se esconde nas entrelinhas, nos detalhes, as negociações representam uma enorme e lucrativa fonte de renda para os advogados. O direito, tal como a medicina e a programação de computadores, é complicado. A maioria dos integrantes das gerações um pouco mais idosas que a atual não é lá muito entendida em computadores, medicina ou direito. Sentimos não ter condições de argumentar nesses campos, mas a verdade é que temos. Por isso mesmo, insistir para que o resultado seja honrado é sempre bom-senso em negócios.

Os advogados a essa altura já conseguiram nos fazer crer que nada é como parece, que qualquer acordo pode ser rompido e que a vida não passa de uma enorme brecha em qualquer tipo de lei. Que os céus não permitam que a lei seja a lei. A lei é tudo aquilo que o cliente precisa ou deseja que seja. Hoje podemos processar qualquer pessoa a qualquer pretexto. Podemos arruinar reputações construídas ao longo de uma vida inteira com um simples indiciamento. O velho aperto de mãos acaba sendo tão inútil quanto as auditorias feitas nas contas da Enron.

Tudo isso dito, preciso acrescentar que tenho o privilégio de conhecer e conviver com alguns competentíssimos advogados que verdadeiramente lutam pela causa da justiça e só participam de negócios legítimos. Os advogados realmente podem ajudar qualquer empreendedor a navegar em meio à miríade de leis e regulamentos legais e à verborragia contratual eivada de tecnicalidades, armadilhas jurídicas ou jargão ininteligível. Esse deveria ser sempre o alcance da ajuda por eles proporcionada.

O CEO é a pessoa que assume os riscos, que precisa determinar a rota pessoalmente decente e ética; é quem determina a velocidade e o curso do navio. Quando os advogados são encarregados de tomar todas essas decisões, passam a ser os verdadeiros dirigentes de uma empresa. Até onde eu entendo essas questões, os advogados de corporações não passam de consultores.

Nesses nossos tempos tão conturbados, já não é surpresa o fato de um número cada vez maior de companhias buscarem CEOs com formação em direito. Embora existam as tradicionais exceções, esse parece ser o rumo errado. Os advogados podem ser treinados em princípios de contabilidade e finanças, mas trabalhar em equipe, assumir riscos empresariais, permitir que um aperto de mãos defina uma questão e ter visão de mercado não são qualidades que se consiga colar facilmente ao perfil daqueles empenhados nos hábitos de trabalho e nas mentes dos profissionais do direito.

Tenho observado que na maioria dos casos em que o CEO é também advogado, a companhia enfrenta um grande vácuo e, também muitas vezes, um desastre financeiro. Os ingredientes básicos da satisfação do cliente são colocados em segundo plano pelo jargão jurídico. E que os céus ajudem fornecedores e funcionários que pretenderem continuar mantendo um relacionamento simples e direto com tais empresas.

Como observou a revista *Business Week* no fim de 2004: que ninguém torça para que os JD (*juris doctor*) consigam substituir os detentores de um MBA (mestrado em administração) tão cedo assim.

Manter a palavra exige às vezes uma determinação mais do que forte. A seguir, apresento dois exemplos nos quais tive participação.

Em 1986, depois de demoradas negociações com Emerson Kampen, presidente e CEO da Great Lakes Chemical Company, chegamos à conclusão de que ele compraria 40% de uma das divisões da minha empresa, por US$ 54 milhões. As negociações haviam sido cansativas e difíceis, mas o acordo foi concretizado com um aperto de mãos.

Não recebi qualquer notícia de Kampen nos meses seguintes. Cerca de quatro meses depois dessas discussões, os advogados da Great Lakes ligaram para informar que gostariam de esboçar alguns documentos. Eles haviam estado simplesmente esquentando as baterias – negócios, como sempre. Levaram três meses para colocar aquele acordo extremamente simples no papel. O tempo decorrido entre aquele aperto de mãos e os documentos já chegava a seis meses e meio.

Nesse ínterim, os preços das matérias-primas haviam caído substancialmente e nossas margens de lucro atingiam altas históricas. Os lucros triplicaram naquele meio ano. Nada havia sido assinado com a Great Lakes e nenhum documento fora intercambiado. Kampen então ligou com uma proposta no mínimo notável.

"Quarenta por cento da Huntsman Chemical valem hoje US$ 250 milhões, dizem os meus banqueiros", foi o que Kampen afirmou ao telefone. "Você e eu apertamos as mãos e acertamos um preço de US$ 54 milhões seis meses atrás." Embora ele não tivesse proposto pagar toda a diferença entre esses dois valores, disse que seria mais do que justo pagar a metade dela, e propôs exatamente isso.

A minha resposta foi simplesmente não, não seria justo usar aquele valor aumentado, nem ele precisaria dividir a diferença. Ele e eu havíamos acertado um preço de US$ 54 milhões com um aperto de mãos, disse eu, e esse seria exatamente o preço que os advogados transportariam para a documentação.

"Mas isso não é justo para você", respondeu Kampen.

"Você negocia pela sua empresa, Emerson, eu negocio pela minha", foi a minha decisão.

Aquele foi um aperto de mãos que Kampen jamais esqueceria. Na verdade, ele o levou literalmente para o seu túmulo. No seu funeral, como estabelecido por ele mesmo, houve dois oradores principais: o governador Evan Bayh (depois senador da República), de Indiana, e eu. Nunca fui pessoalmente íntimo de Emerson, mas ele e eu sabíamos que naquela ocasião uma valiosa lição fora ensinada. Mesmo tendo tido a possibilidade de pressionar a Great Lakes a pagar US$ 200 milhões a mais pela compra de uma parte de minha empresa, eu nunca tive de brigar com minha consciência, nem de olhar por cima dos ombros. A minha palavra era o meu maior ativo.

Anteriormente, no começo da década de 1980, meu primeiro grande negócio foi a compra de uma planta petroquímica da Shell Oil Company. Peter De Leeuw, um vice-presidente da Shell Chemical, rascunhou um esboço de acordo preliminar. Pediu que eu o revisasse até o dia seguinte, para que pudéssemos discutir o resultado na parte da manhã. Li tudo com o maior cuidado, fiz algumas pequenas alterações e assinei o acordo. Embora Peter ainda não tivesse apresentado sequer o documento aos advogados da corporação, tratava-se do mais resumido, bem preparado e abrangente documento que eu havia visto.

De Leeuw chocou-se com a minha reação. Ele queria que os meus advogados (e os dele) revisassem o acordo. Eu disse que confiava integralmente nele. O acordo acabou sendo submetido à revisão dos advogados mesmo assim (eles, naturalmente, tiveram inúmeras dúvidas e acréscimos a fazer), mas o fato de eu ter assinado de imediato e manifestado total confiança convenceu De Leeuw que eu falava realmente sério, e abriu caminho em favor dele nos meses seguintes com os detalhamentos exigidos por sua empresa. A lição disso é que, ao negociar, é preciso procurar sócios nos quais seja possível confiar, e manter os advogados em seus lugares.

Apresento esses episódios sem qualquer intenção de exaltar minhas ações; o leitor logo perceberia se eu assim o fizesse e abandonaria a leitura. Considero, porém, imperativo que todos possamos entender como é importante a pessoa manter a palavra que empenhou.

Não precisamos eliminar os advogados. Basta reduzir a onipresença deles nas negociações. Usá-los para assessoria jurídica e deixar as outras decisões para os verdadeiros especialistas.

A confiança nunca deve ser cega. Guarde a fé cega para a religião.

É preciso confiar mais nos outros e em nós mesmos. Como o falecido jornalista e escritor Frank Scully certa vez perguntou: "Por que não vamos diretamente ao galho da árvore? Não é ali que está a fruta?"

A confiança, porém, nunca deve ser cega. Guarde a fé cega para a religião. Um empresário prudente sempre sabe com quem está negociando e o que está sendo negociado. Quando se referia a esse aspecto, o presidente Ronald Reagan tinha um ditado perfeito: "Confie, mas confira". Se confiarmos em nossos instintos e capacidade de avaliação, teremos menor dificuldade de confiar nos outros.

Na condição de capitães do nosso próprio caráter, é essencial que entendamos o grande legado da confiança e da integridade. Seremos relembrados pelas verdades reveladas e pelas promessas cumpridas.

A integridade de indivíduos e corporações precisa se tornar a pedra fundamental do mercado. No fundo do coração sabemos que quando nos comprometemos com alguma coisa, tem que ser para valer. Estão lembrados das promessas de infância? Um aperto de mãos deveria ser sempre uma garantia tão sólida quanto um documento legal assinado e com firma reconhecida.

Devemos sempre negociar duramente e com o maior dos empenhos pelo melhor resultado possível. Quando chegarmos ao aperto de mãos, ele terá de ser honrado – custe o que custar. A negociação complicada e árdua só vai até o fechamento do acordo. Quando se apertam as mãos, a negociação está encerrada. Nossa palavra é nosso maior ativo; a honestidade é nossa melhor virtude.

O homem honesto fala a verdade,
mesmo quando ela pode ferir;
o homem vaidoso, a fim de que ela possa ferir.
— William Hazlitt

Conhecer o próximo é sabedoria.
Conhecer a si mesmo
é genialidade.
— Lao-Tzu

6

Escolha Bem seus Assessores

Esteja cercado de ajudantes com coragem de dizer 'não'.

Os meus filhos acreditam que eu sou de uma outra era. Nunca aprendi a lidar direito com os computadores; não tenho a menor idéia de como funciona o *e-mail*. Minhas cartas e anotações muitas vezes são manuscritas. Eu sou funcional no mundo moderno *high-tech* somente porque ao meu redor gravitam inúmeras pessoas tecnologicamente qualificadas e competentes. De certa forma, isso me proporciona uma situação mais agradável, em que os relacionamentos continuam sendo pessoais.

Se você não entende nada a respeito de determinada matéria, encontre pessoas que entendam. Estou cercado de maravilhosos homens e mulheres com talento, habilidade, energia e grande futuro. Eles sabem que fazer parte da equipe Huntsman exige o seguinte:

- Adesão aos valores adequados.
- Lealdade para com a empresa.
- Lealdade para com o CEO.
- Competência.

Em resumo, eu sempre procuro me cercar de companheiros de jornada éticos, leais e talentosos. Descobrir o talento é a parte mais fácil dessa empreitada. Determinar exatamente quem tem o perfil definidor dos outros critérios exige visão e ouvido especialmente treinados. Para mim não têm importância alguma gênero e raça, as convicções religiosas e políticas ou o passado étnico das pessoas, qual foi a faculdade que cursaram, o legado familiar, estilos de penteados e outros fatos puramente casuais que preocupam alguns empregadores. Julgar as pessoas por suas realizações, jamais pelo que dizem ou como se apresentam, é a minha convicção.

A base de funcionários da Huntsman já chegou a incluir 16 mil pessoas, um número consideravelmente maior, convenhamos, do que os 200 trabalhadores com os quais comecei, 35 anos atrás. Para orientar esses companheiros de trabalho, sempre procurei indivíduos com liderança e capacidades especializadas muito melhores que as minhas.

A vida não é um jogo de paciência; as pessoas são dependentes umas das outras.

A vida não é um jogo de paciência; as pessoas são dependentes umas das outras. Quando alguém faz um bom trabalho, os colegas são beneficiados. Quando alguém fracassa, outros sofrem o impacto. Não existe a equipe do "eu sozinho" – seja por definição ou por lei natural. O sucesso é um esforço coletivo; alcançá-lo depende daqueles que estão ao seu lado.

Foi sempre, para mim, uma fonte de fortaleza pessoal estar cercado por pessoas que professam valores similares ou melhores que os meus, que compartilham minha paixão e visão, que demonstram capacidades maiores que as minhas.

Sou freqüentemente indagado sobre as razões do sucesso da Huntsman Corp. Qual a fórmula para começar a partir do zero e chegar à riqueza? Minha resposta inicial sempre destaca integridade, visão, comprometimento, autoconfiança e a coragem de tomar decisões que consigam se destacar entre os concorrentes ou da norma do momento no mercado. E acrescento: a primeira e mais importante decisão para alcançar o sucesso é escolher com o maior cuidado as pessoas que nos rodeiam. É preciso ter a certeza de que essas pessoas compartilham nossos valores, que seu caráter deixará de lado qualquer falha em tempos de pressão, garantir que sejam brilhantes e compreendam a importância dos resultados, e ter confiança na lealdade de todos eles.

O *Wall Street Journal* organizou recentemente uma classificação dos atributos que os especialistas procuram em novos funcionários. Os três principais – e com considerável vantagem em relação aos demais – foram as qualificações interpessoais, a capacidade de trabalhar efetivamente em equipe e a integridade pessoal. Curiosamente, a experiência profissional e o pensamento estratégico apareceram mais ou menos na metade da lista das 20 qualificações mais desejadas em pretendentes a novos postos de trabalho.

Não adianta contratar um competentíssimo gerente de vendas, um fantástico engenheiro de computação ou um qualificado superintendente de produção cujos valores não coincidam com os seus. Se todos não estiverem operando de acordo com os mesmos padrões, como terá um companheiro de trabalho a condição de alertar o chefe para um movimento perigoso que estiver adotando? Se esses companheiros não souberem distinguir entre norte e sul, ou, pior ainda, não derem a mínima para essa distinção, de que maneira poderão ajudar a organização a se manter no rumo adequado? É preciso sempre cultivar relacionamentos com pessoas que tenham capacidade de aprender.

Histórico pessoal, idade, educação e experiência podem variar entre os associados mais importantes, mas os valores básicos devem ser uniformes e de acordo com a cultura pretendida para a empresa, organização ou lar. Do contrário, logo surgirão pesadas conseqüências. Por isso, é indispensável manter vivas as expectativas éticas.

Não é fácil encontrar colaboradores que pensem de forma paralela à nossa, mas vale a pena tentar. Junto com eles, afinal, o chefe será responsável pelo estabelecimento e implantação dos padrões éticos. Junto com eles, o líder dará exemplos. Quando um executivo tem um passado recheado de atalhos não éticos, ou práticas desonestas, a organização por ele liderada e, eventualmente, todos os seus integrantes acabarão sofrendo as más conseqüências.

Quando jovens, inconscientemente acabávamos escolhendo amigos com valores similares aos nossos. Não gostávamos de andar, por exemplo, com amigos reconhecidamente mentirosos. Eles nos deixavam sempre preocupados. Mentir parecia ser algo tão tolo, tão desnecessário. Ninguém admira a desonestidade. Lembro de quando andava com pessoas que certamente não eram as mais carismáticas da escola, mas que se mostravam dignas do maior respeito. E uma das razões para tanto estava em sua reconhecida integridade.

Embora tratemos esses termos como se fossem sinônimos, a verdade é que existe uma diferença entre popularidade/carisma (ou admiração) e respeito. A primeira dessas palavras tem a ver com atributos positivos, externos; a segunda é um reconhecimento positivo da força interna e do caráter de uma pessoa. Admiramos celebridades de todos os tipos, o que não quer dizer necessariamente que as respeitemos. Respeitamos grandes professores, embora nem sempre gostemos deles como pessoas.

Há pessoas que conquistam admiração e respeito. Se precisar escolher entre esses dois atributos, fique sempre com o respeito.

Há pessoas que conquistam admiração e respeito. Se precisar escolher entre esses dois atributos, fique sempre com o respeito.

Surge muitas vezes a necessidade de decidir entre ser popular e fazer coisas que se alinhem com nossos valores pessoais. Optar por gratificação imediata e rotas facilitadoras é algo que nos coloca em risco de fraudar o próprio caráter que produz o sucesso e respeito a longo prazo. Escolher um amigo ou sócio respeitado por uma devoção a valores é uma decisão sábia, pois garante que nunca será preciso preocupar-se com a confiabilidade dessa pessoa.

Participei recentemente de uma convenção com cerca de 200 estudantes das últimas séries do segundo grau. Perguntei-lhes qual seria a diferença entre respeito e popularidade. As respostas foram realmente interessantes. Um dos jovens definiu respeito como “aquilo que sinto em relação a mim quando sei que sou honesto e estou fazendo a coisa certa”. Foi uma resposta perfeita, porque, ele sabendo ou não disso, é muito difícil para uma pessoa respeitar as outras sem ter auto-respeito.

Perguntado se um indivíduo pode desfrutar ao mesmo tempo de respeito e popularidade, um dos alunos respondeu que sim – se essa pessoa mantiver seus valores e tratar as outras com simpatia e afeição. Respondi que indivíduos assim são raros, mas que, havendo a necessidade de uma escolha entre esses dois atributos, valeria a pena lembrar que a popularidade é algo inconsistente. Sem um respeito permanente, as relações não sobrevivem por muito tempo. Daí a sabedoria de defender aquilo que é certo, não o meramente popular.

O especialista Michael Josephson afirma que a ética diz respeito à maneira pela qual enfrentamos o desafio de fazer a coisa certa quando essa ação poderá nos custar mais do que estaríamos dispostos a pagar. Justamente o que eu estava dizendo àqueles jovens estudantes. O respeito muitas vezes tem um custo – que pode ser muito alto – mas é preciso que estejamos dispostos a pagar esse preço.

É difícil, entre grupos de iguais, destacar-se na multidão, exercer autoridade moral em face de uma oposição majoritária. É preciso coragem para protestar quando outros acreditam que o que estão fazendo vai lhes render uma promoção, aumento de popularidade ou maior riqueza, ou quando esse protesto será capaz de torpedear o emprego ou cargo público de alguém. Apesar de todos esses riscos, manter-se fiel às próprias convicções é uma arma poderosa.

Manter-se fiel às próprias convicções é uma arma poderosa.

Não existe livro editado, nem diretriz reconhecida ou circunstância comprovada que explique como ativar a coragem. A coragem vem do mais profundo do nosso ser. A coragem não é o entendimento daquilo que é certo ou errado. Pelo contrário, trata-se da força de escolher o rumo certo.

A maioria dos dilemas éticos acaba se resumindo a áreas cinzentas. Temos convicções sobre o que é certo e errado na maioria das situações, mas alguns podem chegar à conclusão de que é viável ficar em meio a elas com impunidade desde que não se chegue a um comportamento comprovadamente ilegal. Nesse caso, estarão se auto-iludindo. É inevitável que cruzemos fronteiras éticas em algum ponto antes de chegar ao comportamento comprovadamente ilegal.

Daí toda a importância de escolher com sabedoria aqueles colaboradores que estarão ao nosso lado, tanto à esquerda quanto à direita. Eles precisam ter um sentido aguçado sobre a localização das fronteiras demarcatórias do campo de jogo da vida. Os colaboradores necessitam compartilhar a percepção do comandante sobre o que são as fronteiras que não se pode atravessar. Áreas cinzentas ficam quase sempre além dos limites daquilo que é apropriado. Mesmo que transitar por essas áreas de penumbra não seja tecnicamente ilegal, constitui, no mínimo, uma prática perigosa, e, na pior das hipóteses, algo totalmente impróprio.

Quando precisamos consultar o manual para ver se o que estamos fazendo é errado, é quase certo que seja.

Os valores centrais, reforçados pela consulta regular à bússola interna de cada um, são mais importantes para qualquer empresa do que regulamentos detalhadamente elaborados. Se determinar a ética de um comportamento exige automaticamente a consulta ao manual oficial de normas, já se está diante de um indício de que somos vulneráveis a não perceber sinais de perigo. Quando precisamos consultar o manual para ver se o que estamos fazendo é errado, é quase certo que seja.

Tenho sido abençoado pela sorte de associar-me com pessoas dotadas de uma maravilhosa atitude "positiva", de que é possível fazer as coisas. Essas pessoas sabem que, no fim do dia, estaremos em condições de tomar decisões melhores e mais éticas que os estranhos – consultores, advogados e financistas. Para não criar confusão, são inúmeras as pessoas brilhantes, capazes e competentes em ação nos campos do direito, da consultoria empresarial e dos serviços bancários. A maioria deles, no entanto não assume os riscos pessoais e por isso jamais conhecerá aquela verdadeira alegria e a satisfação que derivam de se estar presente nos campos minados em que os grandes impérios são consolidados.

Eles também se sentem desconfortáveis quando enfrentam a responsabilidade e a gratificação pessoal de dedicar recursos e lucros a causas de caridade.

Ao longo daqueles anos sombrios de 2001 a 2003, quando os preços da energia estavam sempre aumentando e o país sofria com a recessão, a Huntsman, juntamente com as demais empresas da indústria petroquímica, viu-se ameaçada pelo excesso de produção. Tudo que podia dar errado dava, estávamos a um passo do precipício financeiro. Embora alarmado com toda aquela situação, eu fazia o maior dos esforços para não demonstrar esse sentimento.

Poucos eram os colegas que acreditavam que eu tivesse a capacidade de enfrentar os dragões econômicos que ameaçavam nos destroçar. Um diretor de alto escalão procurou-me, certo dia, para comunicar que, se eu não recorresse às garantias da lei de falências, ele teria de abandonar a empresa. Não foi a posição dele em favor do pedido de falência que me perturbou. Uma das suas funções como diretor, afinal de contas, era justamente essa, de dar opinião, oferecer conselho, e isso ele fez. Mas ultrapassou o razoável quando disse que teria de deixar a Huntsman se eu não seguisse a rota por ele recomendada. Nesse momento ele deixou de compartilhar os meus valores. Quando isso acontece com um consultor ou funcionário, é chegada a hora da separação – e foi o que ocorreu naquele caso.

Em cada estágio da vida, devemos acreditar no sucesso, caso contrário, por definição, já fracassamos. Quando um integrante da sua equipe não acredita mais na possibilidade do sucesso, essa pessoa – ou você – precisa abandonar o barco.

Devemos acreditar sempre no sucesso, pois, quando deixamos de acreditar, é sinal de que fracassamos.

Aqueles mais íntimos de nós – cônjuge, filhos, pais – muitas vezes podem ser consultores eficientes, pois, no mínimo, terão grande conhecimento a nosso respeito. Isso é especialmente verdadeiro no caso da minha esposa, Karen. Enquanto eu tendo a tomar decisões com base no sentimento, ela as toma com o cérebro. São sempre abordagens corretas, lógicas, isentas de preconceitos, dos mais variados problemas. Ela é também mais cética do que eu. Afinal de contas, ela já viu gente demais tirando vantagem às minhas custas.

Eu sempre apresento Karen como a presidente do presidente – um título que a revista Forbes acabou conferindo a ela solenemente em 1988 – e não há nada de fútil a respeito disso. Ela sabe o que pensa e não vacila em manifestar essa opinião (nossos filhos se referem a ela, afetuosamente, como a "rainha-mãe").

Karen foi praticamente a única pessoa que acreditou com plena convicção que poderíamos tirar a companhia do inferno da crise financeira que atravessamos entre 2001 e 2003.

Não existem réplicas perfeitas na natureza. Cada ser humano é verdadeiramente único. Sempre que procuramos ser como o próximo, acabamos perdendo nossa autonomia. O fracasso freqüentemente é resultado de seguir a multidão. Se a personagem, ou pessoa, que estamos procurando imitar não tem força, honestidade e coragem, todas essas fraquezas podem se tornar nossas. Por outro lado, adotar como modelo pessoas com todos esses atributos acaba reforçando nosso caráter e determinação.

Pode parecer muito estranho, mas a verdade é que, ao contratar um gerente, eu nunca peço para examinar suas notas da universidade nem pergunto qual foi a sua classificação no curso em questão. Não me importa o que essas pessoas fizeram em aula. Claro, examino o histórico de um candidato, mas somente em busca de indícios comprobatórios de integridade, comprometimento e coragem. Quero sempre conhecer o caráter da pessoa que estou prestes a colocar lado a lado comigo, e isso não é difícil desvendar.

Qualquer candidato que tiver trabalhado durante o tempo de estudos – emprego de tempo parcial ou total – ganhará pontos na minha classificação. É sempre revelador do comprometimento e da determinação da pessoa o fato de ter pago parte ou o total dos gastos de sua formação.

Durante o período em que trabalhei na Casa Branca, fui subordinado e interagi diariamente com o chefe da Casa Civil da Presidência, H. R. (Bob) Haldeman. Bastaram alguns meses para começar a notar a atmosfera amoral que imperava na "Ala Imperial", como passou a ser chamada a área de trabalho da Casa Branca. Todo mundo fazia o maior esforço para bajular Haldeman, a qualquer custo. Seu estilo de administração exigia tão-somente aquela informação capaz de ser plenamente aprovada pelo "chefe". Nenhum integrante da equipe se atrevia a argumentar "calma, Bob, isso parece estar errado..."

Haldeman deixava de escolher bons subordinados exatamente em função de preferir aqueles que não se atrevessem a discordar de ordem alguma quando a serviço da Presidência, e quem determinava qual deveria ser a natureza desse serviço era exatamente o chefe da Casa Civil. Problemas legais potenciais, desafios éticos e erros de julgamento eram sempre escondidos ou negados. O fato de eu não admitir me tornar mais um dos "rapazes" era algo que deixava Haldeman e seus assessores mais próximos intrigados.

Numa ocasião, Haldeman convidou sua equipe para um jantar a bordo do iate presidencial, o Sequoia. Era uma noite agradabilíssima e nós singrávamos o Rio Potomac. Estavam a bordo Chuck Colson, Alex Butterfield, John Dean, Jeb McGruder, Ron Ziegler e Dwight Chapin, a maior parte dos quais logo se transformaria em nomes "de casa".

Quase ao final do jantar, já na hora da sobremesa, Haldeman lançou uma pergunta geral aos que ali estavam: "O que vocês acham que devemos fazer com o nosso Jonny, que trabalha o dia inteiro e nunca relaxa?" Eu comecei a me sentir desconfortável. "Vocês sabem alguma maneira de tirar Huntsman do seu escritório e fazer com que confraternize com a turma?"

Era uma brincadeira, mas também não era. Ele estava fazendo pouco da minha tendência a manter meu nariz nas coisas mais importantes, mas ao mesmo tempo procurava mandar uma mensagem. Ele estivera tentando me juntar ao seu círculo íntimo fazia já alguns meses. Até então, eu havia ignorado esse esforço. Participava de todas as reuniões convocadas e cumpria minhas obrigações, mas sempre mantendo minha distância e independência. Não que desgostasse particularmente de qualquer um deles, nem mesmo de Haldeman. Alguns eu até admirava; outros, respeitava. Passávamos de 14 a 16 horas por dia trabalhando juntos. Éramos uma espécie de família.

No final do dia, porém, não tinha a menor vontade de ficar confraternizando com aqueles sujeitos. Não me agradavam as regras pelas quais a maioria deles se guiava. Minhas idéias sobre o que era importante na vida passavam bem longe daquilo. Meu estilo de vida era menos complicado, nada parecido com o da maioria daqueles que estavam à mesa naquela noite. Haldeman certamente estava tentando me transformar em um dos seus "rapazes". Mas eu não estava disposto a aceitar.

Muitos líderes gostam apenas das boas notícias. É um perigo trabalhar para tais pessoas.

Sempre tive em alta conta qualquer pessoa que se preocupasse em me informar que determinadas atitudes ou políticas poderiam ser inadequadas. Eu respeito a franqueza. Minha porta está sempre aberta para as novidades – boas ou más. Muitos líderes se acostumam a querer ouvir apenas as notícias positivas. Chega a ser perigoso trabalhar para tais pessoas. Aqueles que não querem jamais ouvir más notícias também não gostam de ser advertidos de que podem ter perdido o rumo.

Este, infelizmente, é o motivo que faz com que os meios de comunicação estejam sempre cheios de histórias originadas por "fontes oficiais", em geral indivíduos que não são nem desleais nem desajustados. Eles simplesmente se sentiram frustrados com um sistema interno que se mostrou inoperante ou desvalorizado. Quase sempre porque os ocupantes dos degraus mais elevados da hierarquia não quiseram ser incomodados com notícias desagradáveis.

Todos temos potencial para nos tornarmos líderes morais. De pais a CEOs, possuímos a sabedoria indispensável para ver, apreciar e distinguir o rumo ético mais decente. É a coragem que separa as pessoas dotadas de sabedoria daquelas que se dedicam a transformar essa sabedoria em ações. É a coragem, não o título, que distingue os verdadeiros líderes dos meros pretendentes.

Um problema que não mereça uma oração
não é digno de preocupação.
— Anônimo

Já sou velho e enfrentei
inúmeras dificuldades,
mas a maioria delas nunca aconteceu.
— Mark Twain

7

Indigne-se, mas não Pague na Mesma Moeda

A vingança é prejudicial e improdutiva. Aprenda a superá-la.

Nos anos posteriores à eleição presidencial de 2000 nos EUA, Al Gore, o candidato do Partido Democrata, derrotado por George W. Bush, parecia permanentemente indignado. Por tudo e com tudo ele se perturbava. Em minha opinião, ele não conseguiu superar o fato de que, mesmo tendo recebido mais votos populares que Bush, o voto do Colégio Eleitoral foi para o seu rival depois que a Suprema Corte decidiu pela vitória do candidato republicano na Flórida.

Muitos de nós agimos de forma semelhante. Ofendidos ou emocionalmente feridos em um momento qualquer da vida – magoados pela família, amigos, sócios de negócios, a mídia, os políticos, enfim, seja lá quem for – a amarga necessidade de retribuir essa ofensa passa a ser nossa principal reação em todas as situações.

Queremos fazer aquilo que o guarda-marinha Pulver fez no filme *Mister Roberts*. Ele jogou um fogo de artifício na lavanderia do navio, como vingança contra o comandante por tornar a vida do tenente Roberts um constante pesadelo.

Há um caminho melhor, mais produtivo, embora possa ser emocionalmente difícil. As instruções para tomá-lo são simples: vá em frente. Imagine que tudo o que o atrapalha no momento acabará sendo superado.

Deixe os problemas para trás. Esqueça a necessidade de recuperar um dinheiro perdido, ignore qualquer golpe mais traiçoeiro de um concorrente, nunca pense em prever um câncer. Aceite aquilo que transpirou e siga em frente da maneira mais positiva e digna possível. Eu fui atingido duas vezes pelo câncer, mas não fico me lamentando por isso.

Muitos anos atrás, na Califórnia, um amigo enfrentou uma fusão fracassada envolvendo sua empresa. Como conseqüência, ele se viu forçado a vender a empresa da família a um pretendente diferente do original, por preço menor e com retorno, para os acionistas, bem abaixo daquele previsto na proposta preferencial para o negócio. Isso tudo levou o empresário a se considerar a própria imagem do fracasso.

Além disso, tornou-se obcecado com a idéia da vingança a qualquer preço. Esse desejo ocupava por inteiro sua mente e orientava todas as suas decisões. Se o nome da empresa participante da primeira negociação fosse mencionado em sua presença, mesmo na mais inocente das conversas, ele logo explodia. Se algum de seus amigos fizesse negócios com aquela instituição, não seria mais amigo. Sua vida passou a ter como único e exclusivo foco a vingança. Sua personalidade mudou. Sempre um líder natural, deixou de concentrar-se em empreendimentos dos quais pudesse tirar o melhor proveito. Quanta competência, paixão e fervor se perderam. Muitos dos amigos se afastaram, pois ficava cada dia mais difícil conviver com ele. Ele esqueceu como andar para a frente. E a triste verdade é que a única pessoa que a amargura de fato acaba machucando é aquela que não consegue se livrar do ressentimento.

Rancores são desgastantes – física, emocional e mentalmente – e, muitas vezes, se tornam doentios.

Rancores são desgastantes – física, emocional e mentalmente – e, muitas vezes, se tornam doentios. Ser movido pela vingança afeta o coração e a pressão sangüínea. Alguns cientistas do Huntsman Cancer Institute desenvolveram teorias segundo as quais esse tipo de alto estresse emocional pode até mesmo induzir o câncer num estágio mais prematuro do que normalmente se desenvolveria.

Emoções improdutivas são obstáculos no caminho do avanço pessoal. Elas limitam a capacidade de qualquer pessoa de progredir, de focar, de pensar positivamente, de agir criativamente. Tempo e produtividade são, assim, desperdiçados.

Não experimentar qualquer reação a golpes baixos, a manifestações de desprezo, até mesmo a palavrões por alguém jogados em meio a uma discussão, pode ser realmente incomum, para não dizer anormal, entre seres humanos. Não se está aqui aconselhando ninguém a simplesmente ficar parado e quieto quando emoções entram em jogo. Claro que é preciso deixar que nossos sentimentos e reações aflorem. Ficar furioso por algum tempo é bem melhor do que nutrir longos e complicados planos de vingança. A melhor reação é aquela que surge rápida, furiosa e finita. Libere sua dor, sua fúria, suas frustrações. Deixe que as emoções venham à tona. Depois disso, porém, respire fundo e diga com os seus botões: "Tudo bem, já me sinto melhor. O que passou, passou".

O leitor que for parecido comigo sempre irá se engalfinhar com qualquer pessoa que lhe fizer pesadas críticas. Mas também irá sentir, posteriormente, uma forte necessidade de se justificar, de explicar-se, e de tratar de desautorizar as acusações. Muitos anos atrás, cheguei à conclusão que o serviço à comunidade ou ao governo merece um determinado nível de crítica – seja na imprensa, pelos invejosos ou mesmo pelos adversários políticos. O remédio é enfrentar o futuro com as palavras de um dos mais criticados homens públicos dos EUA em todos os tempos, Richard Nixon: "A adversidade acaba apresentando a pessoa àquilo que ela verdadeiramente é".

O sucesso é a melhor das vinganças.

Vingança é sempre contraproducente. Além disso, não há banho de sangue, por maiores que sejam suas proporções, que não chegue ao fim – se não for por outro motivo, pelo simples fato de que os adversários eventualmente verão esgotados seus recursos e forças. A maior e melhor das vinganças, em qualquer caso, é o sucesso do ofendido. Se um concorrente nos negócios tiver causado a você algum tipo de prejuízo emocional, canalize suas energias para a meta de conquistar uma fatia maior de mercado e de tornar a sua empresa mais lucrativa. Em se tratando de desprezo político, trate de fazer uma campanha cada vez melhor a fim de conquistar maior número de votos que o seu oponente.

Fazer melhor é a resposta mais sensata a quase tudo. Em qualquer estágio da vida, uma perspectiva positiva e otimista suplanta qualquer ação hostil. Não dê importância a complicações e imperfeições menores dos seus próximos. Quem sabe, assim, eles façam o mesmo a seu respeito.

Há ocasiões em que se torna realmente imperativo oferecer a outra face, em especial quando estão em jogo questões envolvendo cônjuges, parentes e amigos. A cortesia e o amor são contagiosos e muito mais efetivos, no longo alcance, do que tentar arruinar a reputação e o bem-estar de outra pessoa.

Aqueles que plantam as sementes da mesquinhez, da vingança e da injustiça acabam colhendo o que semearam. Tendemos a nos tornar aquilo que degradamos.

Vale a pena ser positivo e otimista com respeito à oposição. Tentar uma revanche ou empreender uma campanha de baixarias muitas vezes é algo que acaba se voltando contra quem desencadeia tais iniciativas. Aqueles que plantam as sementes da mesquinhez, da vingança e da injustiça acabam colhendo o que semearam. Tendemos a nos tornar aquilo que degradamos.

Durante a campanha bem-sucedida de um dos meus filhos, em 2004, para governador do estado, fui ao seu oponente nas eleições primárias para cumprimentá-lo e desejar-lhe sucesso. Isso que seus apoiadores tinham se mostrado particularmente negativos em relação a Jon Jr. no decorrer da campanha. Funcionários da campanha e voluntários cercaram o outro candidato. Pareciam constrangidos com a minha presença. Troquei um aperto de mãos com cada um deles e os cumprimentei pelo trabalho até então realizado. Fiz também perguntas sobre suas carreiras profissionais.

Ao deixar o prédio da campanha desse candidato, um dos membros da equipe me acompanhou. Discretamente, ele me cumprimentou por ter sido magnânimo e demonstrado interesse pelo bem-estar dos adversários. Terminou perguntando sobre a possibilidade de trocar de lado, passando a trabalhar para a campanha do meu filho.

Ao nos sentirmos, por uma razão qualquer, humilhados e ofendidos, a melhor solução será simplesmente recorrer a uma pessoa de nossa inteira confiança e desabafar tudo aquilo que está nos perturbando. É preciso, porém, levar em conta que esse desabafo deve ser breve, mais racional do que emocional, pois tem potencial para se transformar em motivo de estresse para todos aqueles que nos cercam. Trabalhar bem com os sentimentos, orientá-los, é algo que ajuda a pessoa a evitar a tentação do espírito de vingança. Não é nada produtivo gastar meses ou anos ruminando acerca de um episódio merecedor de vingança e planejando os mínimos detalhes de como ela será concretizada. A obsessão com um ressentimento é o que o mantém vivo; o perdão, o esquecimento, acaba fazendo com que desapareça. Pensar no futuro e agir em busca do que ele nos reserva consegue levar a pessoa de volta à vida normal.

Na verdade, buscar a desforra não passa de uma forma de autocomiseração. Eu a vejo como uma das piores fraquezas humanas, um vírus capaz de incapacitar pessoas até então decentes, eficientes. O dono da primeira empresa em que tive emprego formal – uma empresa de processamento de ovos – era uma pessoa que estava sempre com raiva dos concorrentes.Vivia planejando e tramando alguma forma de arruinar a concorrência. Na verdade, desperdiçou tanto tempo e energia com essa “missão” que acabou prejudicando sua própria empresa.

Insistia, por exemplo, que seus funcionários inventassem histórias depreciando a concorrência e as fizessem chegar ao conhecimento dos meios de comunicação. Prestava atenção a cada pensamento negativo e armadilha com potencial para fazer os concorrentes perderem o rumo. Acabou morrendo como uma pessoa patética e, além disso, virtualmente falida.

A amargura dele parece ter sido herdada pelos filhos. Nenhum bem resultou de tudo aquilo. Não conseguiu sequer afetar as empresas rivais, que simplesmente o ignoravam e se concentravam em expandir seus negócios. Hoje uma das concorrentes que ele insistia em levar à falência é a maior empresa da respectiva indústria. Os donos são bilionários. O meu ex-patrão, enquanto isso, está há muito tempo enterrado e esquecido.

A lei das probabilidades é uma das maiores inimigas da concretização de uma vingança planejada. Insistir nessa vingança acaba sendo pura perda de tempo e causa de atritos com aqueles que nos amam e que são, logicamente, as pessoas que mais se preocupam conosco. Uma boa oração é capaz de ajudar muitas pessoas que não parecem capazes de se livrar do ressentimento. É confortadora e proporciona o sentimento de perdão, bem como a força necessária para que se vá em frente na vida. Ela permite que uma ordem superior nos estenda a mão, sendo essa ordem superior um ente mais sábio que qualquer mortal.

Embora sejam muitas as religiões que joguem com a noção da vingança selecionada, inclusive aquele conceito do olho-por-olho presente no Velho Testamento bíblico, o perdão é sempre um tema mais abrangente, mais central. Para as religiões orientais, por exemplo, conservar um ressentimento é algo que impede que se avance na jornada espiritual.

Rezar para quem aceitamos como divindade é sempre boa terapia.

Rezar para quem aceitamos como divindade é boa terapia. É uma fonte de renovação e de força. Além disso, pelo menos para mim, é impossível permanecer indignado enquanto se está em oração. Acabar com qualquer tipo de ira falando e abafar o rancor é fundamental, pois a amargura, quando insuperável, acaba arruinando tudo o que a vida tem de melhor a nos oferecer.

O ressentimento revela cada uma das mínimas fraquezas das pessoas. Combater demônios íntimos pode ofuscar bênçãos que seriam de outra forma maravilhosas. O ódio não se coaduna com o coração humano. Mais ainda, grande parte das nossas preocupações e muito daquilo que nos deixa indignados não passam de pura imaginação. São, melhor dizendo, o resultado da crescente ansiedade que nos assola o espírito. Por que tentar transformar um erro em dois?

A justiça tem uma maneira muito própria de se atravessar no caminho daqueles que fazem mal ao próximo. É algo que acontece quase sempre sem a menor intervenção dos ofendidos.

Não fique sempre preocupado em vingar-se de reveses ou ofensas pessoais. A justiça tem uma maneira muito própria de se atravessar no caminho daqueles que fazem mal ao próximo. É algo que acontece quase sempre sem a menor intervenção dos ofendidos.

Permita-me apresentar um exemplo pessoal.

No final da década de 1980, a Huntsman Chemical estava em franca expansão e buscava caminhos para diversificar suas atividades. A Sweetheart Plastics, à época o maior produtor de equipamentos para enfeites – talheres, copos e pratos de papel, entre outros artigos – estava na nossa lista preferencial de aquisições porque seus artigos utilizavam vastas quantidades de poliestireno e polipropileno, produtos manufaturados pela Huntsman. A Sweetheart Plastics era representada por uma agressiva empresa de investimentos e serviços bancários de Nova York.

Minha equipe e eu trabalhamos até tarde da noite, chegando a uma detalhada proposta de US$ 800 milhões para a aquisição. Quando a apresentamos formalmente, o negociador-chefe do banco de investimentos sentenciou: "Para garantir que vocês são o principal candidato à aquisição da Sweetheart, essa proposta precisa ser aumentada para US$ 900 milhões. Como você sabe, Jon, nós temos outras opções".

Eu fiquei indignado – isso para não dizer também decepcionado. Nós estávamos negociando uma aquisição no limite dos US$ 800 milhões e tínhamos pavimentado uma rota financeira muito complicada até chegar a uma oferta daquela magnitude. Os banqueiros de investimentos estavam blefando – e mentindo. Propus então uma pausa nas negociações.

Retornei à meia-noite à mesa de negociações para anunciar solenemente que não pagaríamos um centavo além dos US$ 800 milhões acertados. Aquele, afinal, era um preço mais que satisfatório pela Sweetheart e, uma vez aceito, o negócio poderia ser rapidamente concluído.

"Pense melhor, Jon", repetiu o negociador. "Por US$ 900 milhões a empresa será toda sua."

Saí dali e nunca mais voltei. Estava furioso, mas resolvi levar minha vida adiante. A Sweetheart acabou sendo vendida por US$ 660 milhões para um grupo empresarial que não sabia muito bem como operar aquele negócio, nem havia tido condições de consolidar o pacote financeiro mais adequado. O negócio deu prejuízos para todos os participantes.

A cobiça custou à financeira que conduziu a negociação um prejuízo direto de US$ 140 milhões e também uma ação judicial, por procedimento anti-ético, por parte dos acionistas da Sweetheart. A revista *Forbes* e o *Wall Street Journal* publicaram reportagens detalhadas sobre o caso. Passados somente dois anos, a Sweetheart foi novamente vendida, dessa vez por US$ 445 milhões. No final das contas, os acionistas ficaram com apenas 50% do valor original do negócio.

Caso encerrado.

A gênese da morte política de Richard Nixon foi sua incapacidade de olhar para a frente. Ele cultivava ressentimentos. Sentia-se compelido à vingança. Seja lá o que tenha sido – uma paranóia total com os "inimigos" ou um combate interminável com velhos fantasmas –, a verdade é que acabou derrubando-o e alterando a história.

Muitas vezes cheguei a pensar se, por menor que fosse minha contribuição, eu não poderia ter conseguido alguma mudança naquele panorama influenciando as decisões do presidente. Perto demais dele e sem contar então com o benefício da perspectiva histórica, foi difícil para mim, à época, detectar quão profundo e sociopático era o ódio de Nixon em relação a determinados políticos, grupos de pressão e expoentes dos meios de comunicação de massa.

A convicção geral é de que pessoas de sucesso e reverenciadas não carregam como nós, os comuns dos mortais, nenhum tipo de fantasma. Mas elas carregam. Em matéria de ressentimentos, todos temos alguns que já guardamos por tempo longo demais. O que separa vencedores de perdedores é exatamente a rapidez com que os vencedores conseguem deixar esses fantasmas de lado.

Por isso mesmo, preste atenção àquela voz dentro de você que diz: a vida é curta, vá em frente enquanto é tempo.

Nunca é cedo demais para fazer o bem, pois nunca se sabe quão cedo será tarde demais.

— Ralph Waldo Emerson

Viajar é o melhor remédio contra o preconceito, a intolerância e a visão estreita. Uma visão ampla, abrangente e generosa dos seres humanos e do mundo não se consegue vegetando a vida inteira num canto esquecido da Terra.

— Mark Twain

8

A Cortesia é Um Dom Quase Divino

Trate concorrentes, colegas, empregados e clientes com respeito.

Poucas características humanas são tão importantes para o relacionamento interpessoal quanto a cortesia. Ela engloba amor, bondade, sensibilidade e caridade – as qualidades das pessoas dotadas de grande fé interior. A capacidade de ser bondoso, decente e inteligente é a manifestação do espírito divino, uma conduta que leva homens e mulheres de todas as religiões e formações à conquista do respeito alheio.

Na juventude, aprendemos como força de hábito a ser bondosos com os outros. Trata-se de uma lição que nem sempre continua a ser aplicada na vida adulta. A decência está em falta no mundo empresarial altamente competitivo de hoje, na política, e até mesmo nos eventos esportivos. E não precisa ser assim. É possível vencer com elegância e honestidade. Vencer com classe não é uma definição contraditória, de maneira alguma.

Há pessoas nas quais a bondade parece ser herança genética e que por isso guiam suas ações por esse padrão com maior facilidade que outras; mas, como no golfe, qualquer um de nós pode tentar uma

Existem pessoas nas quais a bondade parecer ser herança genética e que por isso guiam suas ações por esse padrão com mais facilidade que outras; mas, como no golfe, todos nós podemos tentar uma tacada.

tacada. Eu uso as palavras cortesia, elegância e caridade como sinônimos, mesmo que no dicionário variem de significado. Tenho notado que "benevolência" aparece na sinonímia de qualquer dessas três palavras que citei. Para mim, são realmente sinônimos porque qualquer uma delas requer um substancial grau de calor e autenticidade.

Minha mãe jamais conseguiu falar mal de alguém. Era bondosa em relação a um e a todos, acreditando não haver diferença interna entre brancos e afros, cristãos e hindus, homens e mulheres, ricos e pobres. Éramos, para ela, todos filhos de Deus, e por isso mesmo dignos de ser tratados com amor e respeito. Minha mãe nunca fez um sermão sobre como ser caridosa, nunca escreveu um ensaio sobre a matéria, nunca sequer chegou a discutir o assunto de maneira formal. Ela simplesmente viveu em bondade cada dia de sua vida – o que, naturalmente, é o mais eficaz de todos os exemplos.

A vida dela foi um livro-texto modelo que eu tenho procurado seguir, o que não quer dizer que o tenha conseguido por inteiro até aqui. Kathleen Robison Huntsman nasceu e se criou sabendo que a bondade é uma prioridade para a vida inteira. O pai dela era muito parecido. Meu avô Robison chegava mesmo a sofrer por ter de cobrar serviços prestados aos próximos. (Um pouco mais sobre as suas obras de caridade no Capítulo 10, "A Obrigação de Retribuir".) Obviamente ele não ficou rico, mas, em compensação, todo mundo que o conhecia o adorava. Sua bondade e sua motivação eram coisas puras. A minha mãe aprendeu muita coisa com o pai dela, e eu também, com o meu avô.

Não conheço pessoa alguma que tenha tido sucesso na vida sem ter demonstrado, jamais, algum sentimento de decência. Existem aqueles que parecem bem-sucedidos, pelo menos na superfície, mas que na realidade são indivíduos egoístas, infelizes, destituídos da motivação e da capacidade de amar. É uma pena que eles nunca provem a alegria que é a da bondade para com o próximo.

Durante o meu último ano na Palo Alto High School, fui eleito presidente do grêmio estudantil. Na plataforma de minha campanha havia o compromisso de procurar dar a cada um dos estudantes a atenção e o reconhecimento merecidos. Foram numerosas as oportunidades que tive de pôr em prática esse compromisso, mas um desses casos acabaria sendo realmente inesquecível.

Ron Chappel, um colega que tinha uma perna artificial, era arredio, solitário e infeliz. Na cafeteria do colégio sempre se sentava sozinho, a um canto, longe dos demais. Eu já havia notado isso, é claro, mas pouca coisa fizera para tentar conversar com ele. Por algum motivo, resolvi levantar-me um dia da mesa à qual sentava com os amigos mais próximos e ir até a mesa de Ron. Sentei-me ao lado dele e começamos a conversar.

Continuei aquela rotina durante uma semana. Gradualmente, outros passaram a se juntar a nós. A mesa de Ron virou o lugar mais "in" da cafeteria. A partir daí expandimos a inclusão dele para as atividades sociais e esportivas. Ele se tornou o treinador de nossa equipe. Assim, o último ano dele no colégio tornou-se o melhor da sua vida. No ano seguinte, eu fiquei arrasado quando a mãe dele me contou que Ron havia falecido.

Karen e eu fomos abençoados com nove filhos que, por sua vez, nos deram, até agora, 52 netos. Nossa família é a jóia da coroa das nossas vidas. Nossos filhos amam uns aos outros; são todos competitivos, mas muito amigos.

Nosso filho mais novo, Mark, nascido em 1975, tem severas limitações mentais. O médico nos disse que ele nunca conseguiria ler, escrever ou freqüentar qualquer tipo de escola, que teria para sempre a idade mental de quatro anos. Tudo isso nos deixou arrasados, evidentemente, mas, com o passar dos anos, é fantástico o que temos aprendido com ele.

Mark não quer saber do passado ou do *status* de qualquer pessoa que conviva com ele. Seja democrata ou republicano, ganhe salário mínimo ou US$ 10 milhões por ano, vá ou não à igreja aos domingos, nada disso tem importância para ele. O motorista ou o CEO são dignos do mesmo tipo de estima. Mark julga as pessoas somente pela bondade do coração de cada uma. Nisso ele é bom para avaliar rapidamente qualquer indivíduo. Quem é de bom coração ele logo identifica e trata de dar-lhe um grande abraço.

Não é nada fácil tentar enganá-lo nesse sentido. Ninguém que se mostre falso poderá ser amigo de Mark. Ele detecta de imediato qualquer fingimento. Embora seu vocabulário seja limitado, se comunica relativamente bem. Tem muitos amigos. Todos eles, indivíduos com capacidade de assinalar a pureza de seus corações, sua gentileza e generosidade.

Muitos diriam que não há lugar para a cortesia e a Regra de Ouro nos negócios, política, esportes e outros ambientes altamente competitivos. Só os resultados, acrescentariam, importam. Eu me juntaria a Mark para responder "besteira!". A maneira pela qual tratamos o próximo é que marcará o nosso epitáfio.

Tendo discursado em mais de 200 funerais, pude concluir que as últimas declarações, dos outros, revelam quase tudo a respeito dos desaparecidos. Seria uma experiência fascinante poder ouvir, antecipadamente, aquilo que será dito nos funerais de cada um de nós. Poucas palavras são desperdiçadas a respeito das conquistas acadêmicas, carreira profissional ou riqueza. As famílias são sempre mencionadas como importantes protagonistas da vida de cada um, mas a característica mais notável é sempre até que ponto o querido irmão tratou de ajudar o próximo.

Faria um grande bem a cada um de nós gastar algum tempo pensando sobre o que poderia ser dito em nosso funeral. Seria algo similar a como nos vemos? E o que seria mencionado naqueles panegíricos "informais" que sempre surgem na vizinhança, no local de trabalho, e sussurrados nos bancos da igreja?

A cada dia que passa, nossos panegíricos estão sendo escritos.

A cada dia que passa, nossos panegíricos estão sendo escritos. Quando forem finalmente apresentados, obviamente não teremos condições físicas de apresentar-lhes qualquer contestação. Hoje – agora mesmo – é a hora de começar a trabalhar para o estabelecimento de uma reputação de bondade. Só você poderá determinar o conteúdo do elogio fúnebre que lhe será tributado.

Os negócios também têm reputações. Muitas empresas são conhecidas por seus valores, suas relações com clientes e empregados, seu espírito inovador, e seus empreendimentos filantrópicos. Os recentes desastres da Enron, Tyco, WorldCom e outras semelhantes tiveram pelo menos o mérito de recordar, para todos nós, que a falsidade, a cobiça e a indecência escarrada são também fatores presentes no nebuloso mundo das corporações.

Tive certa ocasião o prazer de estar na presença do Dalai Lama. O líder budista fez uma importante observação: "A acumulação de riquezas como objetivo em si mesmo é reprovável. Só ao ver o seu próprio trabalho como um chamado, um meio de servir a um fim mais elevado, a pessoa poderá chegar à realização plena".

Em outra oportunidade, o mesmo dirigente religioso afirmou: "Devemos relacionar-nos com o próximo com calor, afeição humana, honestidade e piedade". Valiosíssimo conselho.

A maioria das empresas e dos indivíduos luta pela conquista do sucesso e do respeito dos seus pares. Atingir essas metas exige compaixão pelos outros e desejo de fazer a felicidade de todos. A felicidade é tremendamente significativa para nossas vidas. É freqüente que a ela cheguemos quando procuramos proporcionar a felicidade de outros. A caridade é sempre contagiante.

Em seu livro *There Is No Such Thing as Business Ethics* (Não Existe Ética nos Negócios), John Maxwell sustenta que, no mercado moderno, 70% das pessoas deixam seus empregos por não se sentirem valorizadas. É, sem dúvida, um severo julgamento do tratamento inadequado que muitos executivos e diretores dispensam aos seus funcionários. Todos querem ser valorizados, sentir que são importantes. As pessoas precisam sentir-se apreciadas, depositárias da confiança dos superiores e respeitadas em todos os segmentos de suas vidas.

Maxwell garante que apenas uma regra é necessária na governança da adoção de decisões éticas: a Regra de Ouro. Tratar os concorrentes, a comunidade, os empregados e os demais seres humanos com a mesma cortesia que gostaríamos de ver a nós dedicadas é, para mim, essa regra.

Há também um lado prático do procedimento decente. Clientes, empregados e fornecedores são pessoas que entendem e gostam de cortesia e correção. Eles costumam reagir de acordo com a forma que são tratados, e isso pode ser lucrativo. O resultado final de qualquer exercício financeiro será positivo sempre que colocarmos essa filosofia em prática.

De que maneira eu gostaria de ser tratado numa determinada situação? Isso é tudo que cada um de nós precisa se perguntar na maioria das situações. A Regra de Ouro é uma diretriz de vida em cada uma das culturas que eu conheço. Muitas pessoas conhecem certamente a advertência do Antigo Testamento em relação a "tratar o próximo como a si mesmo". É surpreendente a semelhança com que a maioria das grandes religiões mundiais vê este conceito.

O confucionismo determina: "Não faça aos outros aquilo que não gostaria que lhe fizessem". Os zoroastrianos são advertidos de que "se você não quiser ser maltratado pelo próximo, evite maltratá-lo". Os muçulmanos são ensinados que ninguém é um verdadeiro crente "até que deseje para o seu irmão tudo aquilo que deseja para si mesmo". O hinduísmo adverte para que nunca se aja "em relação aos outros de uma forma que não gostaria de ver usada contra você".

Há outras formas de observar a Regra de Ouro. Meu falecido amigo Armand Hammer, financista e um dos "barões do petróleo", foi uma controvertida figura mundial durante boa parte do século XX por causa de seu íntimo relacionamento com a União Soviética. Ele acreditava que poderia lidar mais efetivamente com as nações comunistas pelo comércio do que com a força das armas.

Ele e eu viajamos juntos à antiga União Soviética em várias oportunidades. As histórias que ele conta são legendárias – algumas até mesmo reais. Mesmo assim, durante nosso primeiro encontro na sede dos seus empreendimentos em Beverly Hills, não pude deixar de notar o quadro na parede atrás de sua mesa de trabalho: "A Regra de Ouro: quem controla o ouro determina as regras".

Não é essa, certamente, a minha abordagem da questão.

Todos conhecemos pessoas com as quais gostamos de conviver. Elas nos proporcionam inspiração e alegria. Meu amigo Mark Rose é uma dessas criaturas especiais. Nunca ouvi da parte dele palavra negativa sobre pessoa alguma. Sempre sorridente e positivo, ele também nunca fala dele mesmo. Os outros são o centro das suas atenções. Como resultado, está sempre em paz consigo mesmo.

Pessoas caridosas fazem realmente uma grande diferença em nossas vidas. Infelizmente, o mesmo acontece com aquelas pessoas que são exemplos claros da baixa estima, arrogância e auto-importância. Elas não sabem ouvir. A maioria delas está sempre falando tão rapidamente a seu próprio respeito que quase nunca consegue aprender algo de novo.

Nas minhas tratativas com o Congresso dos EUA, tenho infelizmente descoberto que bons ouvintes são mesmo raridades. Representantes eleitos pelo povo costumam viver numa espécie de bolha de isolamento em que acabam prestando atenção unicamente à própria auto-atribuída importância. É exatamente este tipo de atmosfera que contribui para as relações atuais tão rancorosas entre republicanos e democratas.

Tenho em alta consideração todos os pacifistas e estadistas que conseguem manter a humildade, a bondade e a caridade. Ainda há um bom número de pessoas com tais qualidades na Colina do Capitólio, mas temo que estejam se transformando em mais uma das espécies ameaçadas de extinção.

Em 2003, a revista *Parents* fez uma pesquisa sobre as qualidades que os pais mais gostariam de instilar em seus herdeiros. Nas duas primeiras classificações apareceram, por larga margem, boas maneiras e fé religiosa. Por boas maneiras, esses pais indicaram atitudes relativas a outras pessoas, respeito para com o próximo e mostrar-se respeitoso.

Não é grande surpresa o fato de, entre todas as vocações, as pessoas mais decentes e caridosas serem encontradas em ambientes religiosos. Os chefes de duas religiões – Gordon B. Hinckley, presidente da Igreja de Jesus Cristo dos Santos dos Últimos Dias (Igreja Mórmon), e o Papa João Paulo II – imediatamente se destacam em minha mente.

No começo da década de 1990 conheci o falecido Papa João Paulo II no Vaticano, num encontro intermediado pelo cardeal Dom Roger Mahony, de Los Angeles. (Na época, eu, mórmon convicto, pagador de dízimo, era o segundo maior doador a obras de caridade católicas na Diocese de Salt Lake City.) O papa apertou minha mão e agradeceu pela ajuda que eu prestava aos menos afortunados. "Nunca havia conhecido um mórmon antes", disse ele. "Quero cumprimentá-lo por tudo que tem feito para ajudar os seus semelhantes."

Fiquei momentaneamente sem fala, isso para não admitir que estava um tanto lacrimejante, mas consegui responder. "Eu também nunca havia conhecido Sua Santidade, mas gostaria de transmitir-lhe da mesma forma o amor que sinto por tudo o que representa." Ele sabia bem demais o que a bondade para com o próximo significa. Ele é um dos meus heróis.

Sempre que se busca cumprir as regras do jogo da vida, ajuda bastante não compartimentar família, fé e carreira.

O líder da minha igreja, o Presidente Gordon Hinckley, amigo íntimo nosso por mais de três décadas, é também um líder de grande sabedoria e notável sentido de caridade. Ele começa quase todas as conversas pessoais com um cumprimento. Eu consigo entender o motivo de ser ele, também, tão querido por todos. Ele tem sido meu modelo de pessoa na vida, da mesma forma que os seus conselheiros Thomas S. Monson e James E. Faust.

Embora eu tenha aprendido um sistema básico de valores desde criança a partir daqueles que me eram mais próximos, minha igreja me proporciona uma continuada fonte de renovação daqueles princípios. Sempre que se busca cumprir as regras do jogo da vida, ajuda bastante não compartimentar família, fé e carreira.

Ninguém vive ou morre exclusivamente para si. Em seu tempo, Andrew Carnegie fez outros 38 homens milionários. Esse tipo de resultado financeiro continuou até os nossos dias com os sucessos de grandes empresas, a minha entre elas, enriquecendo outras pessoas. Da mesma forma, quando alguma empresa vai à falência, tende a afundar outras pessoas. Funcionários perdem os empregos, os fornecedores perdem clientes, e os credores perdem dinheiro.

Cada um de nós tem parte nas realizações e fracassos daqueles que nos são próximos; cada um de nós detém algum interesse nos feitos dos outros. Quando uma pessoa é motivo de orgulho, quem sai ganhando é sua comunidade. Quando um CEO fracassa, os acionistas e demais interessados na sua empresa sofrem com isso. Como a onda gigante que leva de arrasto todos os navios, ninguém pode servir de sustentação ao próximo sem que em primeiro lugar se torne bom naquilo que é sua parte nas funções do conjunto.

Cada um de nós tem parte nas realizações e fracassos daqueles que nos são próximos; cada um de nós detém algum interesse nos feitos dos outros.

Sempre atribuí especial valor às notas manuscritas e telefonemas pessoais a mim dirigidos em momentos de estresse emocional ou físico. De alguma forma essas expressões são, para mim, muito mais pessoais e significativas de que um *e-mail*.

Líderes de indústrias, CEOs e gerentes bem-sucedidos, líderes políticos autênticos, hierarcas religiosos e pais dignos dessa condição fazem o melhor dos usos da comunicação pessoal em momentos de expressão de apoio ou reconhecimento – e normalmente eles não esperam até surgir uma situação de crise para se fazerem presentes.

Nossa companhia tem inúmeros pontos de produção no mundo inteiro. Gosto muito de visitar nossas instalações, embora não saiba operar os equipamentos ali presentes e não entenda as fórmulas químicas dos nossos produtos. Eu deixo essa parte para os nossos especialistas. O que eu quero mesmo é confraternizar com as pessoas.

As relações com os funcionários estão sempre no centro das preocupações de empresas vencedoras. Os empregados naturalmente ficam desconfiados em relação à gerência quando os executivos passam mais tempo no *country club* do que nas fábricas. Hierarcas de quaisquer tipos de empresas, de maior ou menor porte, precisam encontrar oportunidades de ir de funcionário em funcionário, agradecendo a cada um deles e reconhecendo a contribuição individual que dão ao sucesso do todo.

Há pesquisas que indicam a existência de uma ligação entre a falta de civilidade e a violência. Quase dois milhões de atos de violência de algum grau ocorrem anualmente nos lugares de trabalho nos EUA, cometidos principalmente por pessoas que acreditam ter sido de alguma forma menosprezados pelos colegas de trabalho.

Os líderes precisam instilar em todos os componentes do grupo um sentido de participação, de admiração pelo que fazem, e de lealdade.

Presenciar a realização de um sonho é umas das maiores recompensas da liderança.

Sempre que alguém consegue sucesso em tal sentido, outros se sentem inclinados a fazer tudo ainda melhor. Posso assegurar ao leitor que presenciar a realização de um sonho é uma das maiores recompensas da liderança.

Identifico-me com as palavras de Thomas Jefferson na Declaração de Independência: "Em apoio a esta Declaração, mutuamente prometemos usar em proveito de todos nossas vidas, nossas fortunas e nossa sagrada honra." Para Jefferson, era mais do que claro que cada homem e mulher tinha participação no sucesso dos demais. Para Jefferson, o apoio mútuo era essencial.

Foram muitas as ocasiões em que recitei as palavras do poema de John Donne que dizem que "nenhum homem é uma ilha". Elas trazem esperança e alegria à minha vida. Permita-me citar dois versos:

Nenhum homem é uma ilha,
Nenhum homem está sozinho;
A alegria de cada um é a minha alegria,
A tristeza de cada um é a minha tristeza.

Precisamos uns dos outros,
Por isso defendo
Cada homem como meu irmão,
Cada homem como meu amigo.

Se pelo menos pudéssemos transmitir essas notáveis palavras uns aos outros em nossas casas, nos nossos locais de oração, em nossas empresas e em nossas sociedades, a paz com certeza dominaria nossas almas e o mundo passaria verdadeiramente a ser um lugar bem melhor.

Nenhum de nós é tão sábio
quanto todos nós juntos.
— Provérbio Japonês

Dai-me uma criança nos seus primeiros
sete anos, e depois disso podereis
fazer dela o que quiserdes.
— Máxima dos Jesuítas

9

É o Nome da Família na Fachada

Comande empresas e organizações como se fossem propriedades exclusivas da família.

Meu irmão Blaine e eu começamos a empresa da nossa família em 1970. A Huntsman se manteve como empresa de propriedade e comando familiar durante 35 anos, chegando a ser, em determinado momento dessa trajetória, a maior do gênero nos Estados Unidos. No começo de 2005, decidimos abrir o capital para reduzir os débitos e aumentar as atividades filantrópicas de Karen e as minhas. A família continua dirigindo a Huntsman Corp. praticamente da mesma forma que antes, até porque o nome que está em jogo ainda é o nosso.

Embora tenhamos adotado esse novo rumo com a melhor das intenções, me entristece o fato de que as complexidades da propriedade ou uma necessidade de capital adicional quase sempre acabem forçando empresas familiares a encarar a mesma decisão. Isso não quer dizer que as empresas familiares deixarão de existir, nem que a mudança seja necessariamente má, mas, mesmo assim, me provoca certa ansiedade.

A família é a unidade básica da sociedade. Como tal, é também o alicerce da prosperidade, ordem, felicidade e valores sociais. Uma empresa tem muitas semelhanças com uma família. Essas mesmas aspirações deveriam ser encontradas em negócios "familiares". Isso pode ser realizado com maior facilidade quando a empresa é de propriedade familiar, mas o CEO realmente inteligente de uma empresa de capital aberto será aquele que se dedicar aos negócios como se fosse dele o nome na fachada da empresa.

Algumas famílias são grandes, outras, menores, e algumas não são famílias no sentido convencional, mas é sempre nesse ambiente que qualquer pessoa tem sua maior escola de vida, pois é nele que aprendemos os valores fundamentais e permanentes da existência. Não é difícil entender por que o lar é meu foco e por que decisões fundamentais para a Huntsman Corp. são quase sempre tomadas no âmbito familiar.

Riqueza e poder constituem, para muitos, uma receita mais do que eficaz para dividir qualquer família. Não é verdade – nem sempre, pelo menos. Eu vi os seis filhos do meu avô brigando por uma propriedade de US$ 30 mil. As riquezas pouco têm a ver com a coesão de uma família.

Cada um dos nossos filhos, ao seu próprio estilo, tem enfrentado os problemas, angústias e desafios do nosso ramo de negócios. Todos eles têm sido espertos estudantes da vida. Aprenderam desde o começo que não existe o tão comentado toque de Midas. As realidades desse mundo são trabalho árduo, preparação, negociação, determinação, honestidade e caridade.

Sempre que apropriado, o local de trabalho deveria ser uma extensão da família, um lugar em que a valorização da decência, respeito e valores básicos seja incentivada e em que exemplos de comportamento moral adequado constituam a lei.

A descrição da vida feita por Jay Kenfield Morley é a melhor demonstração da imensa importância de que o local de trabalho seja uma extensão da casa da família. "A receita da felicidade é ter dinheiro suficiente para pagar as contas mensais que a pessoa assume, um pequeno excedente para que se ganhe confiança, bastante trabalho a cada dia, entusiasmo por aquilo que se faz, um grande estoque de vida saudável, alguns verdadeiros amigos, e um cônjuge e filhos com os quais compartilhar as maravilhas da vida."

Meu pai era um professor na área rural do estado de Idaho. Nossa primeira casa de dois quartos ficava a pouco mais de dez metros do banheiro, uma "casinha" na rua, o que não era nada agradável no inverno, mas muito comum para uma família do campo no fim da década de 1930.

Um dia, como tantos outros daquela era, meu pai foi para a Segunda Guerra Mundial. Ao retornar, construímos uma casa pequena em Pocatello. Alguns anos depois, nos mudamos para a Califórnia, para que ele pudesse concluir seu doutorado em Stanford. Nossa residência durante três anos foi uma cabana Quonset – uma estrutura pré-fabricada de aço corrugado, circular – dividida em 16 "apartamentos", cada um deles com cerca de 180 metros quadrados de espaço e separados por paredes feitas de papelão pesado. Com os meus pais e dois irmãos, tratava-se, sem dúvida, de um alojamento superlotado e muitas vezes embaraçoso para o adolescente que eu era – mas, apesar de tudo, um verdadeiro lar.

Em 1959, casei-me com minha namorada, Karen, e depois tivemos três filhas e seis filhos. Nossa casa sempre foi um recanto de conforto, amor e tranqüilidade. Sei que nem todas as casas deste mundo podem ser assim descritas. Tenho observado, em minhas viagens, muitas situações domésticas difíceis e desafiantes, em que a moradia é miseravelmente inadequada. Famílias vivem em caixotes, cabanas, tendas ou outros arranjos totalmente inadequados. É emocionalmente difícil visitar lugares como esses.

Nas reuniões com os empregados, sempre destaco que a família vem em primeiro lugar. E insisto em que os locais de trabalho da nossa empresa procurem acima de tudo ser uma extensão de um lar cheio de amor para as pessoas.

Em visita a uma de nossas instalações em Scarlino, na Itália, insisti com os empregados em que sua maior preocupação na vida não poderia ser o emprego, mas a família. Eles ouviram com muita atenção a tradução das minhas palavras por um intérprete, e aparentemente estavam gostando das manifestações positivas do patrão em relação à família. Quando concluí, eles se levantaram e aplaudiram. Um cínico poderia dizer que eles fizeram aquilo para impressionar o patrão, e que eles teriam aplaudido até mesmo se eu tivesse lido para eles alguma coisa de Shakespeare. Mas eu não acredito nisso. Eles se mostraram realmente impressionados quando andei entre eles, trocando abraços ou apertando suas mãos.

Ao fazer recentemente um discurso parecido com o anterior na Malásia, cerca de 800 empregados aplaudiram e se mostraram contentes. Eles amam seus filhos tanto quanto amo os meus. Suas famílias são para eles uma prioridade do mesmo nível que a minha é para mim. Eles entenderam precisamente o que eu estava lhes dizendo, e também por que eu dizia tudo aquilo.

Não faz diferença o lugar em que a pessoa vive. Todo mundo gosta de ser notado, respeitado e valorizado.

O mesmo é verdade na China, África do Sul, Armênia, Austrália ou em qualquer dos 43 países nos quais temos negócios. Não faz diferença o lugar em que a pessoa vive. Todo mundo gosta de ser notado, respeitado e valorizado. Infelizmente, as grandes corporações tendem a ser dirigidas de acordo com códigos. Elas são freqüentemente vistas pelos empregados como estéreis e destituídas de qualquer preocupação com as pessoas. Dirigir uma empresa como se fosse o proprietário dela induz um toque mais pessoal.

Os empregados querem ter a certeza de que o dono ou o CEO tenha verdadeira preocupação com eles. Como convencer os funcionários de que são valorizados quando suas famílias são omitidas dessa preocupação?

A maioria dos funcionários gosta de ouvir diretamente o proprietário ou o responsável pela empresa. Ao falar com eles, destaco primeiramente a sua fundamental responsabilidade para com a família e entes queridos. Quando existe sucesso entre as paredes de nossas casas, é certo que será mais fácil atingirmos igual sucesso em nossas respectivas vocações. Trabalhamos com maior segurança num ambiente que seja mais feliz. Quando temos vida pessoal ordenada, feliz, conquistamos mais sucesso e tiramos maior satisfação do nosso trabalho.

Karen e eu começamos a incluir nossos filhos na discussão dos assuntos da família quando eles recém tinham ingressado na escola fundamental, mas sempre insistimos em duas regras:

Regra nº 1: Num assunto de família, examine seu ego antes de entrar em casa. Não há espaço para exageros em autopromoção ou auto-exaltação pessoal. Num assunto de família, todos conhecem os pontos fracos e fortes de cada um. Não existem segredos. O sucesso dos assuntos, ou negócios, da família depende fundamentalmente da confiança, do respeito e do amor.

Regra nº 2: Seja um propagandista de cada um dos demais familiares. Busque sempre o melhor negócio possível para os outros, em primeiro lugar. Muitas empresas familiares acabam fracassando devido ao egoísmo de um ou mais dos participantes.

A comunicação eficiente é essencial. Os pais devem falar com os filhos aberta e honestamente a respeito dos negócios – e especialmente a respeito do planejamento da divisão da propriedade. Os pais, em troca disso, devem educar seus filhos nessas mesmas áreas. Testamentos secretos e a distribuição seletiva de heranças quase sempre dão origem a brigas familiares – e a ações na justiça.

Eu garanti aos meus filhos, mesmo depois de a maioria deles ter começado a trabalhar nas empresas da família, que sou pai em primeiro lugar e presidente da diretoria em segundo. As empresas familiares costumam derrapar e fracassar sempre que os pais colocam os negócios em plano superior ao das responsabilidades familiares.

Os empregados devem ser tratados como iguais. Sempre que uma empresa obtém sucesso financeiro, é sua obrigação compartilhar essa prosperidade com funcionários, a comunidade e os clientes, em pé de igualdade com aquilo que faz em relação a proprietários e acionistas. O mercado parece mostrar-se menos resistente a essa realidade, com a óbvia exceção dos pacotes de benefícios para os executivos do topo da pirâmide, cujos valores têm aumentado quatro a cinco vezes mais que a remuneração dos funcionários de carreira.

Seja como administrador de uma empresa familiar ou CEO de uma empresa de capital aberto, é preciso identificar meios de reconhecer e dar o devido crédito aos demais – em todos os níveis da organização. O caminho mais seguro para o sucesso é aquele em que todos estão juntos do líder. Fábricas e equipamentos são facilmente substituí-

O caminho mais certo para o sucesso é aquele em que todos estão juntos do líder.

veis; já os empregados que se empenham no trabalho, e que são leais, são tão raros quanto pedras preciosas. E eles são fundamentais para o sucesso de qualquer tipo de liderança. Se os CEOs constituem a alma de uma organização, os funcionários são o seu coração.

Se os principais executivos não conseguem seguir sua bússola moral, como poderão esperar que os seus comandados respeitem e ponham em prática os valores morais exigidos? E quando os empregados não cuidam de agir com ética e moralidade no seu local de trabalho, como poderão exigir que seus filhos procedam de maneira diferente? No final, todo mundo acaba perdendo com esses desvios.

Por isso é especialmente importante que os empregados entendam os valores da empresa. Os empregados deveriam saber, por exemplo, que a filosofia de uma corporação determina que uma considerável parte dos seus lucros seja reencaminhada à sociedade, e também saber o porquê disso. Eles precisam entender que a verdadeira mensuração do sucesso, para eles, pessoalmente, e também para a companhia em que trabalham, não está apenas em quanto cada um deles ganha, mas também em qual é a retribuição de cada um deles.

Recordo de uma visita a uma das plantas da Huntsman na região leste do Canadá, alguns anos atrás. Havia saído pouco antes de uma reunião na igreja local, e meus pensamentos estavam centrados mais na mensagem ali ouvida do que naquilo que iria dizer ao nosso pessoal, e por isso comecei lembrando que nós somos guiados pela fé, e não pela visão.

Expliquei que se tivéssemos fé nos nossos irmãos humanos, seria bem menor o número de acidentes e violações das regras de segurança. Se tivéssemos fé uns nos outros, o amor fraternal e uma proveitosa convivência seriam os resultados naturais. Se cada um de nós tivesse verdadeiramente fé, não precisaríamos da visão. Seríamos levados pelos entes queridos e nos tornaríamos pessoas mais fortes e mais eficientes. Jamais nos exporíamos a demonstrar autodepreciação ou extravagâncias. Todas as nossas necessidades seriam preenchidas.

Quando terminei, me dei conta de que não havia mencionado uma palavra sequer a respeito da produtividade, custos ou vendas da empresa. De uma certa forma, no entanto, aquilo que eu dissera indiretamente cobria todas essas áreas operacionais. Objetivos realistas são alcançados quando todos aqueles por eles responsáveis são pessoas comprometidas.

Todos querem conhecer os verdadeiros sentimentos e emoções dos seus líderes, junto com as informações sobre o andamento dos negócios da empresa. Na verdade, porém, é impossível fazer uma boa leitura da organização sem conhecer os sentimentos da pessoa que a lidera.

O clima criado por um CEO e sua equipe de administração tem um impacto sobre os funcionários bem mais forte do que o imaginado. As pessoas tratam de dar o melhor de si quando ouvem e vêem o melhor nos seus líderes.

Ao longo dos anos, proporcionamos milhares de bolsas de estudos aos filhos de nossos empregados. E tem sido uma grande alegria conhecer esses estudantes e receber convites para suas formaturas, seja no segundo grau ou em escolas de nível superior. Quando nos tornamos parte das famílias dos funcionários, nossa moral chega ao seu ponto máximo. Quem é capaz de deixar de vibrar com o sucesso, qualquer sucesso, de um filho ou filha? E a verdade é que quando alguém está se sentindo bem, isso sempre acaba aparecendo na produtividade de sua seção de trabalho.

Agora que a Hunstman Corp. começa um novo capítulo de sua história como uma empresa com ações em bolsa, parte dessa atmosfera familiar poderá desaparecer. Afinal de contas, são muitos os acionistas cuja preocupação maior não é o altruísmo, mas, sim, o rápido retorno do seu investimento. É uma pena. Os maiores dividendos são aqueles pagos a homens e mulheres trabalhadores por meio de gratificações, presentes, bolsas de estudo e elogios.

Os maiores dividendos são aqueles pagos a homens e mulheres trabalhadores por meio de gratificações, presentes, bolsas de estudos e elogios.

Enquanto eu for o presidente e meu filho Peter o CEO da Huntsman Corp., todos os esforços serão dedicados a fazer com que a companhia seja administrada como se continuasse a ser um negócio exclusivamente da família. Afinal, o nosso nome ainda está na fachada.

Todas as empresas – públicas ou privadas – precisam criar uma cultura em que os empregados constituam a preocupação maior e recebam um tratamento pleno de lealdade. Creiam-me, eles sempre retribuem essa atenção.

Descobre tudo aquilo que
Deus te proporcionou
e toma o que te for necessário;
o restante está fazendo falta ao teu próximo.
— Santo Agostinho

Somos pura e simplesmente
guardiões de todo e qualquer
bem a nós temporariamente
confiado nesta Terra.
Saibamos, pois, compartilhá-
los com os demais.
— Andrew Carnegie

Um homem encolhido em si mesmo faz um
pacote pequeno demais.
— Benjamin Franklin

10 A Obrigação de Retribuir

Ninguém se faz inteiramente sozinho; retribua os favores e a boa sorte.

A generosidade é o meu assunto preferido, mal sei por onde começar. Permita-me fazê-lo com uma perturbadora revelação sobre um homem que, de modo geral, admirei e respeitei: Richard Nixon. Como assessor especial da Casa Branca e secretário da Casa Civil, uma das minhas tarefas era conferir os detalhes da declaração de renda do presidente para evitar qualquer confusão entre os dados enviados à Receita Federal e aquilo que pudesse chegar ao conhecimento do público. Em 1971, por exemplo, ele doou apenas US$ 500 para obras de caridade, de uma renda declarada superior a US$ 400 mil. Eu fiquei abalado. Em minha opinião, aquela sovinice toda foi pior do que Watergate.

A filantropia deveria ser o principal ingrediente da receita para o sucesso financeiro. Independente do campo de atuação, nenhum protagonista de qualquer história bem-sucedida pode se proclamar homem ou mulher feito inteiramente às próprias custas. Ao longo do caminho, todos nós recebemos ajuda de terceiros; e a maior parte das pessoas também é beneficiada pela sorte. Devemos uma parte do nosso sucesso a outros, e a única forma de retribuir essa assistência é compartilhar nossa boa sorte com os demais.

Qualquer que seja seu campo de ação, nenhum protagonista de uma história de sucesso pode se proclamar homem ou mulher feito inteiramente às próprias custas.

Chego a ficar arrepiado quando penso em todas as bênçãos que recebi ao longo da vida. Nem sempre foi assim. Durante vários anos, a situação foi realmente séria. Inúmeras pessoas compartilharam aquilo que tinham, e até aquilo que lhes fazia falta, com a família Huntsman. Meu tio, meu avô e minha mãe, principalmente, ensinaram-me a arte de doar.

O tio Lon mal e mal completou o primeiro grau. Agricultor rude de Utah, poucas eram as posses que podia alardear. Mas, quando eu fiz oito anos, ele me deu de presente seu relógio de bolso. Era um daqueles relógios antigos com uma argola e uma corrente. (O tio Lon nunca usou relógio de pulso, e eu também não.) Levei imediatamente o relógio para a escola. Toda hora, naquele dia de aula no terceiro ano do primeiro grau, eu puxava aquela magnífica máquina do tempo para ver as horas. Não conseguia acreditar que era meu o maravilhoso relógio que outrora fora do meu tio favorito.

Poucos anos depois, quando meus tios brigavam pelas escassas posses, o tio Lon me deu um par dos seus sapatos. Os meus, àquela altura, estavam um tanto gastos. Com os sapatos do tio Lon, passei a me considerar a pessoa mais bem servida de calçados da minha turma. Talvez não fossem mais do que os rudes sapatos de um agricultor, mas eu os adorava.

A mãe tinha pouco em termos materiais, mas ela sabia que eu gostava demais de uma torta de limão, especialmente daquelas que ela fazia desde a massa. No seu entendimento, uma torta de limão era a coisa mais concreta que ela poderia fazer por mim. Por isso, quase sempre havia uma torta de limão quentinha esperando quando eu chegava da escola.

Já fiz referência ao pai da minha mãe, meu avô Robison, num capítulo anterior. Ele foi dono de um pequeno hotel em Fillmore, Utah, da década de 1920 até os anos 1950. As unidades naqueles dias antes da Segunda Guerra Mundial eram cabanas individuais. Os motoristas pagavam entre três e quatro dólares por noite para ficar numa daquelas cabanas. Não havia encanamento interno. Os banheiros ficavam no final de um pequeno corredor em meio às cabanas. Quando o meu avô recebia uma família que ele percebia estar enfrentando sérias dificuldades financeiras, não cobrava deles todos mais de um dólar o pernoite. Em muitos casos, quando essas famílias chegavam a ele, pela manhã, a fim de pagar a conta, ele não aceitava o dinheiro, e justificava: "Está bem assim. Algum dia, quem sabe, vocês poderão prestar um favor como este a outras pessoas."

Quando crianças, fomos ensinados a compartilhar, sempre em termos de igualdade. Recebíamos elogios dos adultos quando deixávamos que outros usassem nossos brinquedos, especialmente os colegas mais pobres. Por isso, rapidamente aprendemos que a generosidade era uma das principais qualidades de uma pessoa. Mesmo sendo crianças, franzíamos as sobrancelhas para amigos desleais.

Durante o meu segundo grau, as finanças da família Huntsman mal podiam ser qualificadas como "modestas". Com o meu pai fazendo doutorado, cada um de nós contribuía para a "caixinha" familiar. Meu irmão Blaine e eu tínhamos dois empregos cada para ajudar com as despesas médicas e na manutenção do carro da família. Eu não fazia a menor idéia se um dia poderia freqüentar uma faculdade, ou qual delas, mas sempre acreditei que de alguma forma conseguiria chegar a uma universidade adequadamente desafiadora e apropriada para o meu futuro.

Quando eu estava no último ano do segundo grau, Harold L. Zellerbach, diretor da segunda maior companhia de papéis do país, visitou a nossa escola em Palo Alto. Junto com ele estava Raymond Saalbach, diretor de matrículas da Wharton School na University of Pennsylvania. Eles estavam à procura de um aluno do último ano do segundo grau nos estados da Costa Oeste do país para beneficiar com a bolsa de estudos concedida pela família Zellerbach para freqüentar essa renomada faculdade de administração.

Eu jamais tinha ouvido falar da Wharton. Não sabia que se tratava da principal escola de administração dos EUA, muito menos que ela se destacava mundialmente nessa área. O Sr. Zellerbach, um dos mais famosos *alumni* da Wharton, conversou comigo para discutir a possibilidade de eu vir a cursar essa escola com uma bolsa de estudos – tudo porque as aulas haviam sido suspensas naquele dia devido a uma convenção de professores. Eu era o presidente do centro acadêmico, e o diretor havia ligado para minha casa a fim de convidar-me para um encontro com o Sr. Zellerbach e o Dr. Saalbach.

Com base nessa conversa e no meu desempenho ao longo de todo o segundo grau, acabei ganhando a bolsa de estudos para a Wharton. Agradeci aos dois senhores, mas disse a eles que a importância envolvida não seria suficiente para garantir meu sustento. Para tanto, precisaria ter um emprego de tempo integral. Eu não tinha certeza de poder passar ileso pelas exigências acadêmicas de uma faculdade de primeira linha como a Wharton, ainda mais sob a carga de um emprego de horário integral.

> ***Eu não tinha a menor idéia de como poderia pagar tudo que a família Zellerbach fez por mim. Mesmo se o tivesse, eles não permitiriam. Em vez disso, me disseram simplesmente para retribuir fazendo o que pudesse pelos outros.***

Eles, no entanto, acertaram um acordo que cobria todos os custos da minha matrícula, mensalidades e alojamento. Foi assim que cheguei à Wharton, uma experiência que fez a minha carreira deslanchar. Eu havia estado no lugar certo na hora apropriada, e cativado aqueles que confiaram mais do que eu, naquele momento, no meu potencial. Foi, certamente, um impulso que mudou uma vida inteira.

Eu não tinha a menor idéia de como retribuir tudo o que a família Zellerbach fez por mim. O fato era que, financeiramente, eu não tinha condições. Mesmo que tivesse, eles não me deixariam. Em vez disso, simplesmente me disseram que fizesse o possível por outras pessoas. E isso eu tenho tentado fazer. Milhares de bolsas de estudos foram concedidas ao longo desses anos a jovens de todo o mundo.

Todas as religiões do mundo colocam em posição destacada na sua relação de prioridades a generosidade com os menos afortunados. Para os cristãos, trata-se de caridade; para os judeus, é *tzedaka*; os muçulmanos têm seu *zakat*; e os hindus, seu *bhakti*, para ficar em apenas quatro exemplos.

Karen e eu temos doado uma parte de nossos ganhos para causas dignas desse nome todos os anos desde que eu estava na Marinha, ganhando US$ 320 por mês. Ao longo dos últimos 20 anos, nós nos concentramos em ganhar dinheiro, para ter dinheiro para doar.

Monetariamente, os momentos mais satisfatórios da minha vida não foram aqueles da excitação de fechar um grande negócio, nem da concretização de altos lucros a partir dessas transações. A maior satisfação foi sempre a de poder ajudar pessoas necessitadas – especialmente "os mais humildes entre os meus irmãos". Não vou negar que sou o típico viciado em negócios, mas a verdade é que paralelamente também desenvolvi uma dependência do ato de doar.

Quanto mais a pessoa doa, melhor ela se sente; e quanto melhor a pessoa se sente, mais fácil se torna doar. É uma maravilhosa montanha russa de calor humano. Se você precisar de uma motivação menos altruísta para doar, experimente esta: a filantropia é o melhor dos negócios. Ela produz em qualquer empresa uma corrente de energia positiva.

Filantropia é o melhor dos negócios. Ela produz em qualquer empresa uma corrente de energia positiva.

Na condição de empresa de propriedade familiar, a Huntsman Corp. não deu ouvidos à Wall Street, cuja cobiça de visão estreita muitas vezes constrange as empresas de capital aberto e impede que cumpram suas responsabilidades filantrópicas. Em vez desse impulso onipresente pela permanente expansão dos lucros, nós tínhamos pressões – às vezes irresistíveis – no sentido de cumprir compromissos com a caridade. Isso exigia mais disciplina do que aquela que seria necessária se nos dedicássemos somente em satisfazer as expectativas de Wall Street. Uma vez assumindo um compromisso com a caridade, ninguém se atreve a não cumpri-lo.

Companhias de capital aberto não são isentas do requisito de contribuir com uma parte de seus lucros em benefício de causas meritórias. Posso assegurar que, enquanto eu for presidente, a Huntsman Corp. continuará recordando este dever – mesmo que eu tenha que providenciar isso pessoalmente.

À medida que cumprimos compromissos filantrópicos, outros vão sendo assumidos. A meta das doações é constantemente aumentada. O foco de uma empresa fica nublado quando não distingue esse alcance. Posso garantir que já houve alguns anos em que doei mais do que ganhei. Eu simplesmente dizia aos meus gerentes que temos metas superiores e que todos precisamos agir para atingir objetivos cada vez mais elevados. O meu filho Peter gosta de dizer que o desafio para os executivos da Huntsman é ganhar tanto quanto se doa. Em quase todos os seres humanos há um profundo desejo de ajudar os outros. Infelizmente, alguns de nós nunca chegamos a encontrar o tempo ou a razão para tanto. Adiamos até que seja tarde demais para ajudar ou até que alguém que amamos não esteja mais neste mundo ou não precise mais da nossa generosidade. Em outras instâncias, doar pode ser fruto de circunstâncias não puramente generosas, ou então corresponder a uma ação não isenta de propósitos escusos.

O filósofo judeu Maimônides descreveu oito níveis de doação, desde a doação de má vontade, ou insuficiente, ou apenas quando solicitada (as formas mais baixas) até doar quando nenhuma das partes envolvidas conhece a identidade das outras e ajudar uma pessoa a tornar-se auto-suficiente (as duas formas mais elevadas).

Não existe qualidade humana mais importante que saber compartilhar com os semelhantes. Não existe fonte de verdadeira felicidade mais completa do que um ato de caridade. É nisso que se resume a vida. Em tempos de dificuldades econômicas, já tive de pedir empréstimos bancários a fim de satisfazer meus compromissos de caridade. (As crises industriais não costumam consultar, antes de surgir, as obrigações caritativas de empresas ou empresários.)

Pouco importa onde, como ou a quem doamos. O que realmente conta é a nossa atitude.

Meus banqueiros já questionaram a prudência de tomar dinheiro emprestado simplesmente para doá-lo aos semelhantes. Minha resposta sempre foi muito simples. Uma vez assumido o compromisso de ajudar o próximo, não podemos recuar dessas obrigações simplesmente porque as finanças da empresa não estão, temporariamente, tão robustas quanto indicavam as previsões. Reconheço, no entanto, que isso é mais fácil de dizer do que fazer.

Pouco importa onde, como ou a quem doamos. O que realmente conta é a nossa atitude. Tenho ouvido milhares de sermões sobre a necessidade urgente de doar. E muitas vezes me pergunto por que os pregadores nunca falam da alegria que é doar, muito menos se eles fazem com seus recursos pessoais aquilo que sugerem nos sermões.

Hoje, meu foco filantrópico está em um dos maiores centros de pesquisas e hospitais de câncer do mundo. A construção dessa instituição de categoria mundial já consumiu enormes somas de recursos. Mas posso garantir que foi uma alegria sem medida testemunhar a conclusão do Huntsman Cancer Institute and Hospital no decorrer do verão de 2004. E espero que tenhamos condições de construir outros hospitais com a mesma finalidade em vários pontos dos EUA no futuro.

Todas as semanas, eu procuro dar um pouco de ânimo aos nossos pacientes, levando um abraço àqueles que passam pela quimioterapia. Em muitos dos casos, sei que a vida deles está por um fio. Em todos os casos, sei que estão assustados. Um abraço e uma palavra de incentivo podem ser, em tais condições, tão benéficos quanto qualquer medicação que eles recebam. Minha mãe, pai e madrasta morreram de câncer. Eu venci essa doença por duas vezes. É difícil não me emocionar quando convivo com pacientes de câncer.

As doações nem sempre precisam ser em dinheiro. Muitas vezes o tempo é mais precioso. Dar a alguém nosso tempo, emprestar nosso renome ou nossa experiência na matéria podem ser atos tão significativos quanto qualquer doação em dinheiro. Os líderes deveriam reservar parte do seu tempo para fazer um trabalho voluntário em causas como essa.

As doações nem sempre precisam ser em dinheiro. Muitas vezes o tempo é mais precioso que o dinheiro.

Don Imus, atualmente a mais conhecida, ouvida e assistida personalidade do rádio e TV matutinas nos EUA, já doou milhões de dólares para pesquisas de câncer infantil. Mas ele não pára por aí. Também passa cerca de 20 semanas por ano vivendo no estado do Novo México em um centro para crianças com câncer. Uma inspiração para todos nós, ele apresenta seu show, *Imus in the Morning* diretamente do Novo México quando lá se encontra. Don Imus soma sua presença física e seu tempo às contribuições monetárias que faz para a causa.

A riqueza não é medida apenas em dinheiro. Todos nós temos tempo, talento e criatividade, que podem se revelar forças poderosas em benefício de mudanças positivas. Por isso, devemos compartilhar nossas graças em todas as formas recebidas e em qualquer nível com que tenhamos sido agraciados.

Até certa altura, acreditei que a caridade fosse puramente voluntária. Há cerca de 25 anos, mudei de idéia.

Até certa altura de minha vida, acreditei sinceramente que a caridade fosse puramente voluntária. Cerca de 25 anos atrás, porém, mudei de idéia. Retribuir é um dever de todos, e nada opcional – ao menos no que diz respeito aos ricos e às corporações. Trata-se, isso sim, da obrigação moral de qualquer pessoa de posses ou de qualquer empresa digna de seu nome o fato de retribuir, em benefício da comunidade, com parte dos ganhos obtidos. Afinal, não passamos de guardiões temporários de nossas fortunas, quaisquer que sejam as proporções destas.

Muitas pessoas ricas trabalham com a crença errada de que a verdadeira medida do sucesso financeiro não é o quanto a pessoa ganha, mas o que ela consegue acumular.

Foi ninguém menos que Andrew Carnegie, um capitalista até a medula, que ensinou os bem afortunados, em seu trabalho de 1889 sobre O Evangelho da Riqueza (*The Gospel of Wealth*), a devolver "o excedente de riqueza à massa de seus próximos da maneira mais bem calculada para produzir o maior proveito possível".

Muitas pessoas ricas trabalham com a crença errada de que a verdadeira medida do sucesso financeiro não é quanto a pessoa ganha, mas o que ela consegue acumular. Essas pessoas gastam vidas inteiras elaborando artifícios fiscais e esquemas contábeis a fim de legar suas fortunas aos herdeiros.

Sem dúvida, uma medida de sucesso é o quanto se adquire ao longo da vida. A mensuração mais significativa, no entanto, é a de quanto se doa.

Minha mensagem não se destina apenas aos ricos. Ninguém pode ficar de fora. Se apenas os ricos doarem, pouca coisa irá mudar. Todos precisam doar a sua parte. Ser um supervisor benevolente da riqueza de cada um daqueles que nos cercam é temporário. Todos nós dispomos de um tempo muito curto aqui na Terra a fim de providenciar que as riquezas, sejam elas humildes ou incalculáveis, sejam compartilhadas para satisfazer as necessidades dignas de nome. Doar é uma obrigação espiritual.

O Evangelho cristão, por um lado, torna essa obrigação mais do que clara. Quando um homem tem dois casacos, não deveria doar um deles àquele que não tem nenhum? Para os judeus, a caridade é um dever centralizado na crença de que tudo o que temos vem de Deus. Assim, é nossa obrigação compartilhar o que temos com aqueles que não têm o bastante.

Dar aos pobres é um dos Cinco Pilares do Islã. Em muitas culturas islâmicas, guardar os ganhos é considerado errado. Dar aos outros tudo aquilo que se tem em excesso serve de proteção contra a cobiça e a inveja. Na verdade, o Islã incentiva a prática de proporcionar dinheiro ou propriedades, chamada *waqf*, com o objetivo de manter escolas, hospitais, templos e causas semelhantes.

Todos esses crentes estão cumprindo o mesmo ponto: devolver à sociedade tudo aquilo que dela se ganha. Dar generosamente aos menos afortunados. Economizar para a graça de Deus (e alguns objetivos mais ou menos nobres), eis a nossa missão.

> ***Poupar para a graça de Deus (e alguns objetivos mais ou menos nobres), eis a nossa missão.***

Ninguém precisa de milhões de dólares para viver confortavelmente. Ainda assim, são os cidadãos mais ricos da nossa sociedade aqueles que consideram mais difícil compartilhar, enquanto os que não têm tanto aparentemente são sempre os primeiros nas filas para doar o que têm – e normalmente em proporção bem maior em relação às próprias posses do que o fazem os ricos.

Quanto os ricos deveriam disponibilizar? Já pensei bastante sobre isso. Não existe uma fórmula exata para definir essa questão, mas defenderia que tudo que excedesse às necessidades de cada um para um confortável padrão de vida seria um razoável ponto de partida. O que é uma qualidade de vida desejável quando falamos de abrigo, alimentação, cuidados médicos, vestuário, transporte, entretenimento, viagens e fundos para os dias mais nebulosos? Isso fica a cargo de cada um de nós determinar.

Desperdiçar aquilo que nos sobra é egoísta e muito tolo. Investimentos não lucrativos sempre serão resultado de ter mais dinheiro do que o necessário.

Assim como os indivíduos, as empresas também tem que compartilhar, mas doar simplesmente porque faz bem para a imagem da empresa ou em função de um ganho material que poderá resultar da exaltação da filantropia tem também seu lado negativo: o sentido de responsabilidade social perde força.

Os empresários seguidamente enfrentam altos e baixos, quase tanto quanto as pessoas comuns. Recessões, crises de energia, problemas monetários, concorrência e pontos baixos do mercado podem representar tempos difíceis para os negócios. Eu recordo e continuo gostando dos indivíduos e instituições que souberam superar tempos difíceis e crescer com eles. Procuro fazer negócios hoje com aqueles que não nos esqueceram quando estávamos em crise, os banqueiros que nos abriram linhas de crédito em épocas de necessidade, os supridores que nos deram crédito quando os lucros pareciam evaporar-se e todos que nos estenderam mãos amigas ao longo da nossa jornada.

Os cidadãos do estado de Utah, conforme a *Chronicle of Philanthropy*, figuram entre os mais generosos da nação, doando em média 15% de suas receitas anualmente. Boa parte disso é o resultado da motivação religiosa que impulsiona esses cidadãos a agir assim.

A Receita Federal permite que se coloque na mesma dedução doações para causas e/ou entidades religiosas e leigas, mas eu faço distinção entre doações de fundo religioso e caridade leiga. Colocar dinheiro no cesto das oferendas, quer semanalmente, quer por meio de um dízimo anual, é uma boa ação. Trata-se do primeiro dever dos indivíduos que praticam uma religião, mas existem também muitas outras causas dignas de atenção.

As congregações são regularmente lembradas de que as doações constituem um pré-requisito para a recompensa eterna. Sem a pressão dos púlpitos, não acredito que muitas instituições religiosas chegariam a coletar as somas que reúnem normalmente. Seria boa prática para todos nós, especialmente para os ricos, experimentar esse mesmo tipo de pressão da exigência da coleta em termos de filantropia leiga.

A verdadeira doação consiste em fazer algo para quem certamente jamais terá condições de retribuir esse favor. Compartilhar riqueza e bondade, abraçar aqueles que têm necessidade disso e criar oportunidade para outros constituem um dever da sociedade. A única coisa que muda à medida que avançamos na vida é o objetivo das nossas doações.

A verdadeira doação consiste em fazer algo para quem certamente jamais terá condições de retribuir esse favor.

Não é preciso ser milionário para ser um filantropo. A primeira definição de filantropia, em inglês, do *Oxford Dictionary*, é "o amor pela humanidade". Tudo o que alguém precisa para ser um filantropo é a paixão por fazer a diferença.

Será que cheguei a mencionar que dar ao próximo é uma grande alegria? Doar enriquece o coração e a alma de todos nós – e é certamente contagiante.

Deixe o seu acampamento sempre
em condições melhores
que aquelas em que você o encontrou.
— Lema do Movimento das
Escoteiras nos EUA

O segredo de escrever bem é
saber quando terminar.
— L. M. Mongtomery

Conclusão: O Fio da Meada

Valores morais aceitáveis são coisa de criança,
e não ciência espacial

A sociedade sempre recorda o passado como "os bons velhos tempos", numa apreciação cálida e ingênua dos dias mais simples e felizes da juventude. Essa recordação, no entanto, tende a ser vaga e estreita. Há motivos para isso. Verdade seja dita, aqueles tempos tiveram seus altos e baixos, exatamente como agora, mas que a nossa infância foi menos complexa que a de hoje, isso ninguém pode negar.

Naquela época, geralmente aceitávamos valores bem estabelecidos e, na maior parte, aderíamos a eles. Essas normas eram em nós instiladas pela maior parte dos adultos que nos cercavam. Sua diligência em tal sentido determinava o nosso comportamento. Da mesma forma que moldamos o comportamento de nossos filhos, e eles, o dos deles, e assim para sempre.

Ao colocar em discussão esses valores perduráveis, espero ter despertado recordações e instigado algumas idéias, mas a verdade é que pouco há de original neste livro. Os valores morais não são novidade, qualquer que seja a cultura ou geração.

Os sábios de qualquer sociedade freqüentemente entendem que as novas gerações têm menos valores que eles, mas o fato é que todos partimos de um mesmo ponto. Cada geração enfrenta desafios exclusivos; não existe geração capaz de proclamar um monopólio de valores.

Somos impregnados por eles desde o berço. Os sábios de qualquer sociedade freqüentemente entendem que as novas gerações têm menos valores que eles, mas o fato é que todos partimos de um mesmo ponto. Cada geração enfrenta desafios exclusivos; não existe geração capaz de proclamar um monopólio de valores.

Aos 18 anos de idade e na condição de calouro da Wharton School, na University of Pennsylvania, fui admitido na Sigma Chi, uma fraternidade acadêmica iniciada em 1855 na Ohio University por seis estudantes originários de Miami. Esses fundadores foram dissidentes de outra fraternidade em função de uma divergência a respeito do que seria, na opinião de cada um dos grupos, uma atitude inadequada. Na ocasião, jurei cumprir para sempre um código de justiça, decência e comportamento público.

Jamais esqueci daquela promessa, o "Padrão Jordan", em homenagem a um daqueles seis fundadores. O Padrão, hoje com mais de 150 anos, insiste que cada um de seus membros, entre outras coisas, seja sempre pessoa de bom caráter e elevada moral, além de ter um alto sentido de honradez e responsabilidade pessoal.

Esses princípios de comportamento adequado são universais. Seja qual for a fé, a cultura ou a idade, a bondade natural dos seres humanos é parte central do nosso relacionamento interpessoal.

Mesmo assim, existe hoje a necessidade de reafirmar valores que nos ajudem a determinar o que é certo e errado. Eu emprego o termo reafirmar porque esse processo foi a nós legado e instilado pelas gerações que nos antecederam.

Sempre tivemos regras não escritas para os pátios e para as pracinhas, casas e escolas de nossa infância e juventude. Elas falavam de princípios básicos de justiça, decência e integridade. Esses princípios não mudaram simplesmente por termos migrado das pracinhas para edifícios lotados de mesas de trabalho. Nossa afirmação naquele tempo sempre se deu da mesma forma como precisa se concretizar hoje: com honradez e justiça.

Tais princípios não mudaram simplesmente por termos migrado das pracinhas para edifícios lotados de mesas de trabalho.

Assim, como proceder para estabelecer um renascimento e renovação do comportamento baseado em valores no mercado e em outras arenas da vida moderna? Eu tenho quatro sugestões muito simples a oferecer:

- Sempre começar com duas perguntas em qualquer atividade que possa ter reflexos nos nossos próximos: isso está certo? Eu gostaria de ser tratado dessa forma?
- Levar os próprios valores para o trabalho. Não desligá-los ao dar início às atividades profissionais. Não pode existir conflito entre realizar lucros e cumprir os tradicionais princípios da decência e justiça.
- Considerar-se o guardião de seus irmãos e irmãs ao estabelecer o exemplo de ação ética.
- Adotar como fundamentos da vida a seguinte corrente de palavras fortes (pelo menos foneticamente): família, fé, fortaleza de espírito, justiça, fidelidade, amizade e filantropia.

Não pode haver conflito entre realizar lucros e cumprir os tradicionais princípios da honradez e da justiça.

Exceto família e fé, o maior desses atributos é a filantropia. Muitos dentre nós recebemos um número significativo de impulsos na vida. Fomos ajudados ou treinados pelos próximos. Assim, temos um compromisso todo especial com a possibilidade de estarmos sempre em busca de oportunidades para retribuir os favores recebidos ao longo da nossa jornada.

São inúmeras as causas que continuam à espera da nossa generosidade. Elas vão e vêm, surgem em todas as formas e tamanhos. A minha, neste exato momento, é encontrar uma cura para o câncer.

Ao analisar quais seriam as causas mais válidas, em primeiro lugar é preciso examinar as principais necessidades da comunidade em que se vive. Colocá-las numa escala de prioridades que faça sentido para você. Em que ponto dessa escala poderemos ter o impacto mais benéfico? Em que ponto dessa escala nossa ajuda poderá realmente ter um maior significado? Pense nisso e cumpra o seu dever.

Para mim, a mais compensadora de todas as doações é aquela baseada numa emoção que surge no momento. Poderia ser oferecer o casaco tirado das próprias costas para alguém que esteja tremendo de frio na rua no mais forte do inverno, ou uma parada não planejada num abrigo de necessitados. Ou poderia ocorrer até mesmo no meio de um discurso, como aconteceu comigo alguns anos atrás. Encerrarei minha narrativa com essa história.

Tenho na parede do meu escritório um quadro com uma citação de John Andrew Holmes, um médico que foi, entre muitas outras coisas, o autor de *Wisdom in Small Doses* (Sabedoria em Pequenas Doses). A citação: "Não há exercício melhor para o coração humano do que se abaixar para amparar o próximo".

Essa poderosa mensagem foi o centro de um pronunciamento que fiz em uma cerimônia numa universidade no ano 2000. Acabou sendo o mais breve discurso de formatura da história moderna. A citação foi o próprio discurso.

A cerimônia já durava quase uma hora e meia e eu ainda não havia discursado. As pessoas estavam visivelmente inquietas em seus lugares; crianças tentavam fugir dos pais. Tratava-se de uma escola com alta proporção de estudantes mais idosos, casados, com famílias formadas, estudantes que trabalhavam em tempo integral para sustentar aquela oportunidade de progredir na vida. Uma turma de pessoas muito práticas; da mesma forma, seus pais e amigos. Duas horas de discursos cansativos certamente não era a idéia que faziam da melhor forma de utilizar o tempo.

Sentado no palco, pensando em tudo isso, comecei a rabiscar furiosamente o que seria o meu discurso. E já o havia reduzido àquele simples parágrafo quando chegou a minha vez de ir à tribuna dos oradores.

Pedi então aos formandos que ficassem de pé e repetissem comigo as palavras: "Não há exercício melhor... para o coração humano... que se abaixar para... amparar o próximo".

Pedi que recitassem uma vez mais aquele pensamento.

Depois, como que para mostrar que aquela filosofia não poderia deixar de ter uma demonstração prática, fiz algo que realmente ninguém esperava. Botei meu dinheiro em ação. Voltei-me para o diretor da faculdade e anunciei que estava doando à universidade 200 bolsas de estudos no valor de US$ 5 mil cada. Em seguida, voltei ao meu lugar.

Você poderia ouvir um alfinete caindo ao chão naquele centro de eventos, tamanho o espanto que se instalou. Havia gente de boca aberta, não entendendo ainda claramente o que tinha ouvido. Nem eu, para falar a verdade, conseguia acreditar no que recém havia proclamado àquela multidão. De repente, começou uma ensurdecedora onda de gritos, assobios, aclamações, aplausos e largos sorrisos.

Fiquei espantado. Em meio ao pandemônio, passou por mim no palco, como um relâmpago, a visão da Bolsa de Estudos Zellerbach que, longo tempo atrás, possibilitara a minha formação na Wharton School. Cheguei a divisar, na primeira fila da platéia, a figura de Harold Zellerbach, acenando silenciosamente em aprovação, e esboçando um daqueles sorrisos de "estamos quites".

Que sensação gratificante! Experimente. Garanto que você vai gostar.

Posfácio

Sei tudo sobre Jon Huntsman e a maneira pela qual ele entende a vida. Escrevi um livro a respeito dele.

Em *More Than Money*, publicado em 2004, retratei Jon e cerca de outros 20 indivíduos que entendem os valores acima do dinheiro e que, para mim, são as pessoas mais inspiradoras deste mundo, que continuamente transformam desafios pessoais num elemento positivo do viver. O que você acabou de ler é um resumo básico não apenas do que representa fazer o bem, mas também do que é ser bom.

A vida e os valores pessoais de John Huntsman dão crédito às suas palavras. Ele anda pelo caminho ético que descreve e nunca deixou de agir assim, mesmo ao enfrentar obstáculos incríveis que em determinados momentos faziam com que os atalhos morais fossem tentadores. Jon não tem nenhuma fórmula secreta; o que diz e faz é aquilo que cada pessoa consciente sabe que deve fazer. Saber qual posição é adequada e qual não é, porém, é a parte mais simples da equação. Viver de acordo com princípios exige comprometimento, interesse e coragem.

Como jornalista e âncora de *Your World*, da Fox News, o programa de economia de maior audiência da televisão a cabo nos EUA, eu vejo tudo isso. Também conheço os problemas do mercado e as maçãs podres do barril dos negócios, mas em *Your World* estou sempre tentando me desviar dos buracos no caminho. Vou em busca dos registros contábeis de lucros e perdas e dos indivíduos que realmente fazem com que as coisas aconteçam.

Dessa forma, descobri inúmeros modelos inspiradores que afastam aquele preconceito segundo o qual o que é bom para os negócios não pode ser bom para mim; homens e mulheres que são catalisadores de realizações fantásticas, que não apenas se guiam pelas regras, mas observam uma conduta verdadeiramente ética. Executivos de negócios verdadeiramente bem-sucedidos sabem que não pode haver dissonância entre os valores da sociedade e as operações das corporações.

No livro que já citei, *More Than Money*, defino aqueles que conquistaram fama e fortuna não tanto por suas realizações, mas sim pela maneira como o fizeram – os imensos desafios que superaram, a dignidade e coragem que demonstraram no processo, a maneira ética e justa pela qual trataram as pessoas ao longo dessa jornada.

Esses heróis aprenderam a treinar seus olhos nas possibilidades, não nos acasos. Fizeram dos obstáculos surgidos no caminho alimento para a motivação, uma motivação, aliás, não centralizada exclusivamente em lucros e poder, mas também no desejo de fazer a diferença nas vidas dos demais.

Um filantropo nato e multibilionário por esforço próprio, John Huntsman é um exemplo claro do que estou falando. Não por acaso, ele transformou problemas pessoais com o câncer – cuidando da mãe quando da morte dela, acompanhando o pai praticamente desintegrar-se com a doença, sendo informado pelos médicos, um ano depois de lhe terem dito que tinha câncer de próstata, que agora tinha um câncer não-relacionado – num farol de esperança para outros que também se defrontaram com essa temível afecção.

Com quase US$ 250 milhões de fundos pessoais como investimento inicial, e a promessa de muito mais, sempre que necessário, Jon lançou um instituto de pesquisa sobre o câncer, uma década atrás, e, sete anos depois, um hospital de pesquisas para dar suporte a esse instituto. Em conjunto, essas duas instituições são o centro de sua busca do controle – quem sabe da cura – do câncer.

O Huntsman Cancer Institute and Hospital é um impressionante complexo científico e arquitetônico. A pesquisa para a identificação dos genes cancerígenos herdados e o controle da doença mediante uma intervenção em tempo hábil é de tirar o fôlego. O hospital coloca em primeiríssimo plano o conforto e a dignidade dos pacientes. Parece que se está em um hotel quatro estrelas, e não em um lugar que abriga pessoas doentes.

Em virtude da minha própria experiência com o câncer, fico impressionado, cada vez mais, com a infatigável cruzada de Jon para vencer esta insidiosa doença. Ele não se cansa de agitar as indústrias farmacêuticas, o governo federal e colegas abastados, de fazer doações a democratas e republicanos do Congresso que votam a favor de verbas destinadas ao combate à doença, e de visitar pessoalmente pacientes em quimioterapia. Quando a indústria química entrou em crise em 2001, ele pediu um empréstimo multimilionário, em caráter pessoal, para cobrir seus compromissos filantrópicos até que aquela situação fosse revertida, três anos depois. No começo de 2005, um dos motivos que o levaram a abrir o capital do império petroquímico da família foi a possibilidade de levantar várias outras centenas de milhões de dólares para o seu instituto do câncer.

(A propósito, Jon está destinando os direitos autorais deste livro para o Instituto, e sei que ele ficaria muito contente em receber doações adicionais para o mesmo fim. O endereço, para quem estiver interessado, é: Huntsman Cancer Institute, 2000 Circle of Hope, Salt Lake City, UT 94112.)

No mundo de Jon Huntsman, doar é um dever sagrado. Ele não tem em grande conceito bilionários que esperam até morrer para legar suas fortunas. Eu às vezes acho que Jon seria muito feliz se pudesse fazer coincidir seu último suspiro com a doação, a alguém realmente necessitado, do seu último dólar, para que assim pudesse deixar este mundo da mesma forma como a ele chegou.

A motivação de *More Than Money* foi, podem ter certeza, muito além de simplesmente identificar heróis da filantropia. Meus heróis são aqueles que enfrentaram de peito aberto as dificuldades da vida e conseguiram superá-las, sempre com elegância, princípios elevados e integridade.

Graças ao presente livro, *Os Vencedores Jogam Limpo*, fomos reapresentados ao mapa dos nossos valores. Esse mapa proporciona a cada um de nós indicações simples e precisas sobre a melhor maneira de também nos transformarmos em heróis.

Neil Cavuto